本当の自分が分かる「人間学四柱推命」で、
豊かな人生と最高の幸福を手に入れよう!

さあ、目覚めよう!
「本当の自分」

帝王学経営コンサルタント
原村博幸

白誠書房

プロローグ　人生100年時代、求められるのは「本当の自分力」

孤独を生み出しているもの――なぜ人は孤独になるのか

人生100年時代といわれています。

AI（人工知能）など高度に発達した科学技術によって、快適で何不自由しない豊かな生活ができるようになった昨今ですが、本当にそうでしょうか。生活の快適さに反比例するように、未婚や晩婚、離婚などの結婚問題や家族関係、仕事・人間関係の問題、さらに経済問題だけではない将来への不安や恐れがどんどん大きくなっているのではないでしょうか。うつ病、登校拒否、ひきこもり、果ては自殺、凶悪事件など「不幸な現実」が迫っています。

これらすべての悩みや問題の根本的原因は、どういうところにあると思いますか？

何でもかんでも他人のせいにする態度だったり、コミュニケーションの問題だったり、人間関係だったり……いろいろ思い浮かぶでしょう。

でも、それらもすべて元をたどれば、「理解不足」にあるのです。本当の意味での「理解」があれば、あらゆるトラブルや悩みは一瞬に解決してしまいます。「理解」は、幸せに生きるための最重要事項といえるのです。

だれに対しての「理解不足」なのでしょうか。

悩みのタネともいえる相手でしょうか、家族でしょうか、会社の上司でしょうか、同僚でしょうか、部下でしょうか。しかし、いちばん理解しなければいけないのは自分に対してです。自分への「理解」が最も重要になります。

人生も幸福もビジネスもあらゆる面で、最も重要で、最優先事項が自分への「理解」すなわち「自分を知る」ことです。

もともと私たち人間の精神は弱いものです。自分のことが理解できず、だれかから必要とされている、だれかの役に立っている、だれかから愛されている——という実感がないと、精神が病んでしまうことになります。だれからも必要とされていないという孤独感は、本当につらいものです。そうなったら、精神をおかしくしないと生きていることができなくなってしまいます。

1979年にノーベル平和賞を受賞したマザー・テレサは、献身的で犠牲的な奉仕活動によって世界中の人々から讃美と敬意を集めたことで知られます。そのマザー・テレサは次のような言葉を残しています。

「この世で最大の不幸は、戦争や貧困などではありません。人から見放され、『自分はだれからも必要とされていない』と感じることなのです。世界でいちばん恐ろしい病気は孤独です。銃や砲弾が世界を支配していてはいけないのです。世界を支配していいのは、愛なのです」

なぜこのような「孤独感」「不幸な現実」が私たちに次から次と降りかかってくるのでしょうか？

これは、明らかに「心の豊かさ」の欠如、「人間力の低下」と言い換えてよいでしょう。だれからも必要とされていない「孤独」は、すなわち「本当の自分のことを理解できる人間学の欠如」がもたらすものにほかなりません。

☆本当の自分に目覚めよう――「成功」よりも「成幸」を目指す

私の心の師匠である安岡正篤先生は、昭和歴代首相の指南役を務め、さらには多くの財界人に師と仰がれた教育者であり思想家です。安岡先生は昭和20年8月15日、昭和天皇によるいわゆる「玉音放送」での「終戦の詔勅」の草案作成にもかかわり、また「平成」の元号の考案者ともいわれています。

安岡先生が残した言葉に「人間学が盛んにならなければ、本当の文化は起こらない。民族も国家も栄えない」があります。幕末の大きな変革期に活躍した久坂玄瑞、高杉晋作、伊藤博文、山縣有朋らを輩出した吉田松陰が開いた松下村塾で、松陰が教えたのも「人間学」でした。

現代の日本と、幕末期の日本はよく似ているといわれます。このような激動期に最も必要とされるのは「人間力」、つまり「本当の自分力」です。

現代は国や会社、社会に依存して生きていく時代ではなく、自分の才能を最大限発揮し、自分で安心を得る、自分で豊かさを作る、自分で日常を充実させる、いわば「自主」「自立」の時代です。

そうして、人のため、世の中のために貢献して「輝く人」になり、日本の未来を明るくしていく「真の自分」となるためにも、今こそ、本当の自分に目覚めることが必要不可欠なのです。

今こそ、本当の自分に目覚めよう！

「本当の自分」を知ることさえできれば、「本当の自分」に目覚めることさえができれば、

「偽りの自分」から脱出することさえできれば、
すべての悩みは、解決できます！

すべての夢は、実現できます！

あなたの人生は、「一変」します！

あなたの人生は、「好転」します！

あなたの人生は、「革命」します！

ビジネス、人間関係、人生で、「成幸」する最速の方法は「本当の自分」を知り、「本当の自分」に目覚めることです。ここで、「成幸」と書きましたが、間違いではありません。

「成功」とは功を成すことで、成功した者――お金や地位を得ても必ずしも幸せにはなれないのです。

幸せになれない成功なら価値がありません。幸を成すと書いて「成幸」で、求めるもの

はお金や地位、権力ではなく、幸せになることを目指すという意味です。

さあ、今こそ、本当の自分に目覚めなければなりません。それがあなたの「成幸」につながる道となるのです。

そして、この「本当の自分」に目覚めさせてくれる、人類史上最強の自己分析ツールが本書で紹介する「人間学四柱推命」です。本書で紹介する「人間学四柱推命」は、世に多く出回っている「初心者用の占い四柱推命」ではなく、あくまでも「本当の自分」に目覚め、豊かで幸せな人生を創造する「人間学としての四柱推命」です。

したがって、本書では単なる占い四柱推命の解説書ではないため、命式の出し方、星の見方などを説明することは省略していますが、四柱推命の本来の目的である「本当の自分を知るための自己分析ツール」というところに主眼を置いて解説しています。

原村 博幸

第6章 「人間学四柱推命」で、本当の自分力を高める20の方法！

第1章

本当の自分を知る

第1章では、本当の自分を知るために何をなすべきかを中心に解説していきます。構成は、次のようになっています。

①現状の課題……本当の自分がわからなくなったことで生じるさまざまな人生問題。
②原因分析……なぜ、本当の自分がわからなくなったのか？
③解決方法提案……本当の自分を知ること（自得）から出発しなければならない。
④本当の自分とは？……本当の自分を表す5つの要素。
⑤眠っている本当の自分を目覚めさせることができる……人類史上最強の自己分析ツール人間学四柱推命。
⑥まとめ

☆一人ひとりが抱えている課題を知る

▼幸福と不幸の違い

個人一人ひとりが抱えている課題はなんでしょうか。それは現代日本が抱えている問題点に行き着きます。

日本という国が抱える課題が、同時に個人や夫婦、親子、家庭、職場が抱える課題の延長に位置するからです。日本の課題を調べれば、一人ひとりが抱えている課題が良く見えてきます。

また、世界から日本を見れば、日本の現状がよ～く見えてきます。このとき、非常に参考になるのが世界幸福度ランキングです。

現在の日本は、経済大国（GDP1位はアメリカ、2位は中国、日本は3位）であり、世界の中でも長期の平和と物質的豊かさを享受できています。ちなみに、GDPとは世界の国々がどのくらいの経済力をもっているかを表す経済指標で「国内総生産」といいます。GDPは一国の経済規模を示したもので、国内でどれだけの財やサービスが生み出されたかを示すものです。このため、経済活動が活発になればGDPは拡大し、逆に後退すればGDPは縮小します。

GDPで世界第3位の日本ですが、果たして国民は幸福なのでしょうか。答えは否です。国連では毎年「世界幸福度報告書」で各国の国民に「どれくらい幸せと感じているか」を評価してもらった調査に加えて、GDP、平均余命、寛大さ、社会的支援、自由度、腐敗度といった要素を元に幸福度を計っています。

２０１９年では、１５６カ国中第1位がフィンランド、以下デンマーク、ノルウェー、アイスランド、オランダ、スイス、スウェーデンと続きます。日本は、58位でした。前年が54位、その前が51位、さらにその前が53位……とかなり低空飛行です。トップを占める北欧諸国は社会保障が手厚く、質の高い教育をしていることが特徴で、さらに、ジェンダーギャップ（男女格差）を縮める取り組みにも積極的なことで知られます。

ちなみに、世界経済フォーラム（ＷＥＦ）による男女格差の度合いを示す「グローバル・ジェンダー・ギャップ指数」（２０１８年）では、日本は調査対象となった１４９カ国の中で１１０位です。悲しいくらいの「後進国」といってよいでしょう。

イエール大学で心理学を教えるローリー・サントス教授は、「幸せであることは、仕事のパフォーマンスや病気からの回復力、寿命に関係している」と語り、幸福であると感じることは、精神的にも肉体的にも大きい意味があるのです。

▼「不幸」という日本の悲しい現実

ひるがえって、日本の現状はどうでしょうか。一見、経済的に豊かで、物質的豊かさに恵まれ何不自由しない生活ができるようになったと思われていますが、その陰に隠れて、世界幸福度58位ということは幸福どころか、不幸な現実があることを表しているのです。

すなわち、具体的には、未婚、晩婚、離婚などの結婚問題が重くのしかかる一方で、うつ病患者は全国で１１１万人、自閉症は１００万人、自殺者は年間2万人という現実があります。

さらに、仕事にやりがいがなく、職場の人間関係が嫌で転職したいと考えている人が多く、自分に自信がもてない自信喪失症候群の人が数多くいるのです。

最近話題のひきこもりは、15～39歳のいわゆる働き盛り世代で54万人、中高年（40～64歳）で61万人（内閣府２０１９年発表）に上ります。15歳から64歳では１１５万人と報告されています。

これらの悲しい現実はなぜ生まれてくるのでしょうか？

本来の自分ではない「偽物の自分」

「おまえは、こういう性格で、こういう人間だ」

親や家族から、あるいは学校の友達、先輩、先生など周りの人達からすりこまれ、本当の自分を見失っていることが多くあります。

最初は親の価値観を一方的に押し付けられ、本当の自分を否定されることから始まります。やがて学校に行くようになると、先生や友人、先輩によって自己を否定され、社会に出てからも本当の自分を肯定されないという現実があります。

このように親や先輩、学校の友達、先生など周りの人達がつくった価値観やルール、常識などから外れていると、彼らの常識に当てはまるように是正され、欠点を指摘されるのです。いわば「本当の自分」を否定され続けた結果、本当の自分を見失っていきます。自信を失い、自由を失い、いつも何かに怯えて、一歩を踏み出せず、将来の不安を抱えながら、なんとなくしかたなく惰性で生きているのです。

こうやって多くの人は、社会に適合するようにロボット化された「偽物の自分」をつくっていき、「何だか違うんだけどなぁ……」とモヤモヤした気持ちになりながらも、周りに妥協しながら「生きていくため」に我慢、忍耐しながら働きます。あるいは、働けずに家にこもってしまうのです。

私たちはルールに従うことは教えてもらってきましたが、「本当の自分の内面」を観察することは誰からも教えられてきませんでした。その結果、社会に適合しようとすればするほど、本来の自分とのギャップ、理不尽な現実にぶつかり、そのような社会との矛盾に押しつぶされ、うつ病やストレスがたまってくるというのが現実です。

すなわち、現代人が抱えるこれら不幸な現実は、結局のところ、本当の自分がわからないことからきています。そのことが確固たる人生観、仕事観、結婚観がないということにつながり、困難や試練、ストレスに非常に弱いことでもあるのです。

結局のところ、深刻化するストレス社会の根本原因は、本当の自分がわからないの一言に尽きるのです。

不幸な現実が蔓延する理由――ボブ・ムーアヘッド牧師の言葉

アメリカのコメディアン、ジョージ・カーリンが最愛の妻を亡くしたときに友人に送ったといわれるメッセージがあります。それは、ボブ・ムーアヘッド牧師の言葉を引用したもので、人生において本当に大切なものを気づかせてくれるものです。「この時代に生きる　私たちの矛盾」というメッセージをご紹介します。

ビルは空高くなったが、人の気は短くなり
高速道路は広くなったが、視野は狭くなり

お金を使ってはいるが、得る物は少なく
たくさん物を買っているが、楽しみは少なくなっている
家は大きくなったが、家庭は小さくなり

より便利になったが、時間は前よりもない
たくさんの学位を持っても、センスはなく

知識は増えたが、決断することは少ない
専門家は大勢いるが、問題は増えている

薬も増えたが、健康状態は悪くなっている
飲み過ぎ吸い過ぎ浪費し、笑うことは少なく

猛スピードで運転し、すぐ怒り
夜更かしをしすぎて、起きたときは疲れすぎている

読むことは稀で、テレビは長く見るが
祈ることはとても稀である

持ち物は増えているが、自分の価値は下がっている
喋りすぎるが、愛することは稀であるどころか憎むことが多すぎる

生計のたてかたは学んだが、人生を学んではいない
長生きするようになったが、長らく今を生きていない

月まで行き来できるのに、近所同士の争いは絶えない
世界は支配したが、内世界はどうなのか

前より大きい規模のことはなしえたが、より良いことはなしえていない
空気を浄化し、魂を汚し

原子核を分裂させられるが、偏見は取り去ることができない
急ぐことは学んだが、待つことは覚えず

計画は増えたが、成し遂げられていない
たくさん書いているが、学びはせず
情報を手に入れ、多くのコンピューターを用意しているのに
コミュニケーションはどんどん減っている

ファーストフードで消化は遅く、

体は大きいが、人格は小さく
利益に没頭し、人間関係は軽薄になっている

世界平和の時代と言われるのに、家族の争いはたえず
レジャーは増えても、楽しみは少なく

たくさんの食べ物に恵まれても、栄養は少ない
夫婦でかせいでも、離婚も増え

家は良くなったが、家庭は壊れている

忘れないでほしい、

愛するものと過ごす時間を、それは永遠には続かないのだ

忘れないでほしい
すぐそばにいる人を抱きしめることを、
あなたが与えることができるこの唯一の宝物には
1円たりともかからない

忘れないでほしい
あなたのパートナーや愛する者に
「愛している」と言うことを
心を込めて

あなたの心からのキスと抱擁は
傷をいやしてくれるだろう

忘れないでほしい
もう逢えないかもしれない人の手を握り
その時間を慈しむことを

愛し
話し
あなたの心の中にある
かけがえのない思いを
分かち合おう

人生はどれだけ
呼吸をし続けるかで
決まるのではない

どれだけ
心のふるえる瞬間があるかだ

いかがでしたでしょうか？

豊かな社会になればなるほど、逆に心が貧しく不幸になっているのです。幸福や理想を求めながら、不幸な現実、矛盾に苦しんでいる現代人がよく表現されています。

人類の歴史は、常に世界平和、理想社会、幸福な家庭、自分らしく輝く幸せな個人を目指して発展してきました。それにもかかわらず、個人の怒り、ねたみ、不安、悲しみは増え続け、その結果、うつ病、晩婚、離婚、未婚、貧困家庭、いじめ、自殺、登校拒否、子殺し、親殺し、戦争、テロ……不幸な現実が蔓延しています。

ではなぜ、このような不幸な現実がはびこっているのでしょうか？

その根本には、「本当の自分」を見失って、わからなくなっているからという一言に尽きるといえるでしょう。

☆本当の自分がわからなくなった根本理由

▼人格形成の根幹を成した四書五経

なぜ、本当の自分がわからなくなってしまったのでしょうか?

多くの有識者の方々が、戦後の日本の教育に根本的な理由があるといいます。すなわち、道徳的見識を育てる「人間学」という学問の欠落からくるというのです。

かつて世界から称賛されたわが国の豊かな精神文化は今や荒廃しています。物質的には豊かになったにもかかわらず、心の豊かさが欠如し、確固たる人生観、仕事観、結婚観がなく、刹那的に生きている人が多くなったのです。それは、今は学校でも家庭でも、人間学を学ぶ機会が全くと言ってもいいほどなくなってしまったからにほかなりません。

江戸時代、わが国では寺子屋などで四書五経などを通じて人間を鍛錬していました。幕末の就学率は、同時代の西洋よりはるかに高い水準で70~86%といわれています。当時全国には1万6千もの寺子屋があったといいますから、これは現在の小学校数2万2千と比べても遜色のない数に相当する規模でした。

寺小屋で必読の書だった四書五経とはどんなものだったのでしょう。私たち日本人の祖先は古くから東洋の古典を読むことによって、自らを磨き、高めてきました。

東洋古典の中で特に代表的な九つの経典が「四書五経」です。

「四書」とは『論語』『大学』『中庸』『孟子』の四つの書物で、「五経」とは『易経』『詩経』『書経』『礼記』『春秋』の五つを指します。『論語』は孔子の言行録、『大学』は政治の要諦や君子の心がけ、『中庸』は極端にならない偏りのない徳、『孟子』は孟子の言行録、『書経』は歴史を、『易経』は変化の論理を、『礼記』は君臣・親子・男女のあり方を、『詩経』は文の風雅を、『論語』は人の上に立つ者の生き方を説いたものです。

四書五経は中国の随の時代から科挙試験の中核となり、これらを学び合格したエリートたちが官吏として国を統治したのです。わが国でも寺子屋を通じて四書五経は庶民に伝えられ、人格を形成する上で根幹を成す大きな働きをしました。

四書五経は、歴史に名を刻んだ偉人にも大きな精神的影響を与えました。明治維新の精神的指導者・理論者として知られる吉田松陰は、幼少期から「四書五経」に習熟し、11歳で藩主に兵法を教えるまでの学識を培っています。松陰の教育を担当したのは叔父・玉木文之進で、次のようなエピソードが残っています。

松陰は勉強中、頬に虫が止まったため払いのけたときのことです。それを見た玉木は血相を変えて折檻したといいます。

「虫が止まって痒いというのは〝私〟の感情であり、学問は〝公〟のもの。公私混同をするな。許せば長じて世の中に出たときに、私利私欲を図る者になる！」と。松陰は後に松下村塾を開き、高杉晋作、久坂玄瑞、伊藤博文、山県有朋ら多くの門人を育てたことでも有名です。

また、「日本の資本主義の父」といわれる渋沢栄一も、幼くして学んだ四書五経をベースに、「私利を追わず公益を図る」との考えで生涯を貫き通しています。

吉田松陰や渋沢栄一だけでなく、四書五経に裏打ちされた人間たちが礎となって、明治維新は成し遂げられたといっても過言ではありません。

なお、『論語』「衛霊公篇」に以下のような一節があります。　子曰、有教無類（子曰く、教えありて類なし）。

その意味は、「人は教育によって善くも悪くもなるのであって、生まれつき善い悪いが決まっているのではない」つまり、誰でも適切な教育を受ければ立派な人間になるということです。

☆自分を知るためになすべきこと

安岡正篤先生は、

「国を挙げて道徳教育を主眼とした人物の養成に取り組まなければならない。人間学が盛んにならなければ、本当の文化は起こらない。民族も国家も栄えない。

人間なにが悩みかというと、自分が自分を知らざることである。人を論じたり、世を論じたりすることはやさしいが、自分を論じ、自分を知るということは、実はこれが一番大事であるにかかわらず、なかなか難しいことである。

人間は自得から出発しなければいけない。人間いろんなものを失うが、何が一番失いやすいかというと

自己である。根本的・本質的にいえば人間はまず自己を得なければならない。人間はまず根本的に自ら

自己を徹見する、把握する。これがあらゆる哲学、宗教、道徳の根本問題である」と語られています。

このように、人間は、何よりもまず、根本的・本質的に本当の自分を知ることが、最重要事項であり、国を挙げて道徳教育を主眼とした人物の養成、教育が必要であるということです。

安岡先生のおっしゃる「自得」は「本当の自分」「絶対的自己」であり、これは「自反」（自己の行為などをみずから省みること）につながります。

本当の自分を知ることを「知命」といい、論語では「修己」といいます。老子は「人を知る者は智なり、自らを知る者は明なり」と、人のことを知るより、自分のことを知ることの方がはるかに重要であるといいます。仏教では、「見性」（人間に本来備わる本性を徹見すること）といいます。

ソクラテスは、「汝自身を知れ」といいました。

▼問題解決は「自分を知ること」

「孫子の兵法」には、「敵を知り、己れを知れば、百戦あやうからず。敵を知らずして、己れを知れば、一勝一負す。敵を知らず、己れを知らざれば、戦うごとに必ずあやうし」とあります。

簡単に言うと、「相手の事を知り、自分の事を知ることで決して負けることはない。相手の事を知らなくても自分の事を知れば引き分けることが出来る。しかし、相手の事も自分の事も知らなければ必ず敗れる」ということです。これは決して昔の話だけでなく、現代社会にも十分に通じる言葉です。

すなわち、自分を知らなければ、相手を決して知ることができないし、相手を知ることできなければ、恋愛・夫婦・親子・会社など、すべての人間関係をうまく結べません。自分を知り、相手を知れば、人間関係でストレスを感じることなく、自分の才能を発揮し、天職に就き、楽しいと毎日を過ごせます。だから、何よりまず、自分を知ることこそが、成功、幸せの出発点なのです。

このように、世界中で、聖人、賢人クラスの方々が言われることは、みな、本当の自分を知ることの大切さなのです。

▼「偽りの自分」から抜け出す

仕事や結婚、人間関係、人生で、うまくいかないのは、本当の自分がわからず、何事においても自信、確信がなく、ストレスに弱いところからくることにほかなりません。

結局、人生問題のほぼすべては「本当の自分」を知らないことが根本的原因で、「本当の自分」を知ることさえができれば、人生問題のほとんどは解決するということです。

このように「偽りの自分」から脱出して「本当の自分」に目覚めることが、すべての人生問題を解決する最高の解決策であるということに、気づいた私は、この「本当の自分」を徹見（見通すこと）する根本的要素は何だろうかと、ずいぶん長い年月をかけて、人間学に関する古書、文献などで探し求め、瞑想したりしてきました。

そしてついにたどり着いたのが、以下5つの要素だったのです。

それが、①「天命」、②「使命」、③「才能」、④「天職」、⑤「運命」の5つの要素でした。

本当の自分とは？——本当の自分を表す5つの要素

第一に天命。これは何のために自分は生まれたのかという理由、これが天命です。

次に使命。これは何をするために自分は生まれたのかという役目、これが使命です。

次に才能。これは「天命」「使命」を果たすために、生まれながらにもっている誰も真似できないもので、これが才能で、天賦の才能（天才性）ともいいます。

次に天職。これは「天命」「使命」を果たすために、「天賦の才能」を発揮して人のため世の中のために貢献する仕事、これが天職です。

最後に運命。これは生まれながらに与えられている、変えることのできない「宿命」と変えることのできる「運命」があります。

この5つの要素を地球に例えると、天命はマグマ、使命は外核、才能はマントル、天職は地殻に当たります。

天命は、グツグツと煮えたぎるマグマのようなものですから、本当の自分に目覚めるというのは、まずこの天命に目覚めることから始まり、次に使命が明確になり、次に才能が開花し、次に天職に出会うようになり、運命が拓かれ、抜群の行動力を発揮するようになり、輝く本当の自分になることになります。

そうして、偽りの自分から脱出して「本当の自分」に目覚めたなら、仕事、人間関係、人生の不安やストレスが消えて、すべてが、どんどんうまくいくようになります。

・本当の自分を表す5つの要素・

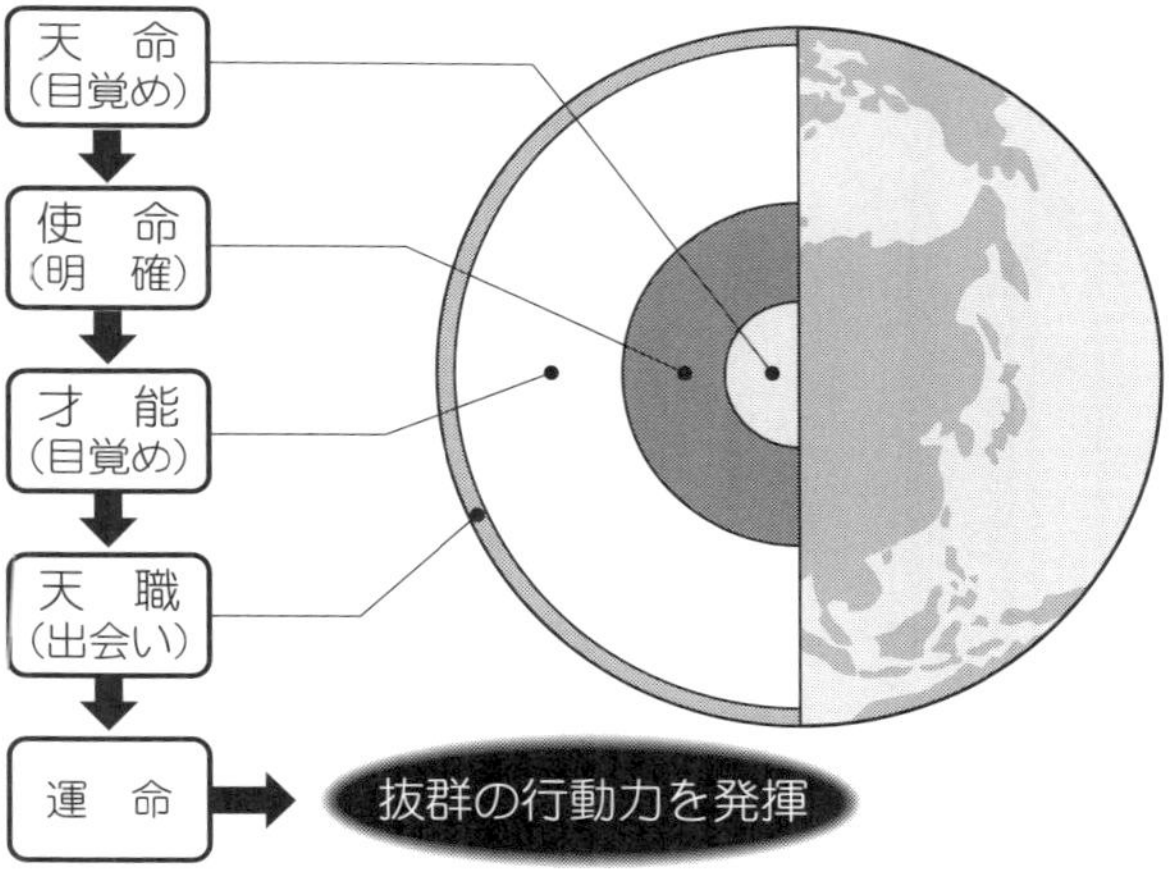

つまり、天命・使命に目覚め、人のため、世の中のために役に立つ「輝く人」となって、才能を発揮し、毎日を楽しく過ごし、天職で仕事して経済的にも豊かになっていくのです。

ただ実際は、本当の自分である5つの要素を自分で見つけるのは簡単ではなく非常に難しいといえます。むしろ不可能ともいえるでしょう。例えば、心理学で自己分析はどうでしょうか。

質問の答え方がそのときの気分などで変化してしまうので、分析結果が一定ではなく、正確さに欠けます。

しかし、人間学と四柱推命が融合した

「人間学四柱推命」なら可能です。なぜなら、これは生年月日から本当の自分である5つの要素を知ることのできる人類史上最強の自己分析ツールだからです。

☆人間学四柱推命で本当の自分を発見する

私は、31年間で5万人以上の方の悩みに寄り添い、「人間学四柱推命」を用いて、本当の自分である5つの要素をお伝えし、鑑定・カウンセリングしてきました。

すると、次々と、「人間関係の悩みが解決した」「転職が成功した」「結婚できた」「離婚していたが復縁できた」「子供ができた」「仕事がうまくいった」など、奇跡的な喜びの声を多数いただいてきました。

これらのことから「人間学四柱推命」は、当たった・当らないという低レベルの占いではなく、「本当の自分である5つの要素」を発見し、「問題解決」「願望実現」「人生革命」を現実のものとする「実学」であることを、私自身が確信したために、公開することにしたのです。次に、その人間学四柱推命を紹介します。

「人間学四柱推命」とは、単なる占いではなく、誕生日の干支に隠された「人生の暗号」

ともいえる、天命・使命・才能・天職・運・結婚など人生のすべてを読み解く高度な暗号解析技術である「四柱推命学」と、人間力を高める「人間学」が融合した実際の生活の中で、即使える「実践行動学」です。

すなわち「人間学四柱推命」は、どんな「自己分析」ツールよりも、一瞬で、正確に、より深く「本当の自分」を発見、分析することができます。

ここで学ぶ「人間学四柱推命」は、占いではなく、中国4000年の歴史の中で、生年月日のデータを統計的に解析、検証してきた「世界最大の統計学」で、なんと人間を2592万通りに分類する「個性分析学」です。

▼誕生日が同じだと運命は同じ？

人間の個性を分析するのに、血液型は、O、A、B、ABと4通り。九星気学は、9通り。四柱推命だと、60干支が、生年月日時にあるので60×60×60×60×2（男女）で、なんと、2592万通りです。ここまで、詳細に、正確に、より深く個性を分類している自己分析ツールは、世界中どこを探しても、この四柱推命しかありません。

ここで、四柱推命最大の疑問「誕生日が同じだと、同じ星がでるから同じ人生運命になるの？」という疑問です。これに対しては、以下のように考えられます。

実は、同じ生年月日時であっても、名前の違い、どういう家に住んでいるか（風水）の違い、特に、両親の生年月日が違えば、例えば、両親の夫婦仲が悪くて生まれてくるのと、両親の夫婦仲がよくて生まれてくるのと、同じ生年月日で、同じ星の結婚運があっても、一方は、結婚に苦労、一方は、結婚して幸せという違いが出てきます。

その両親は、祖父母の影響を受けていますから、本当は、三代の生年月日をすべて調べて、初めて、本当の四柱推命鑑定となります（通常はここまでしませんが……）。生年月日時まで同じ双子の場合も、名前の違い、生まれた順番の違い等で、個性が違ってきます。さらに、自分と全く同じ干支（年月日時）４カ所がすべて揃うのは、過去を探しても、未来を探しても１０００年以上先です。これは、自分が生きている間には、同じ星を持つ人とは、絶対出会えないということを意味しています。

ですから、「自分」という存在は、四柱推命から見れば、唯一無二の絶対的個性があるということを教えてくれています。お釈迦様は、「天上天下唯我独尊」といいました。「自分」という存在は、天においても、地においても、唯一無二の尊い存在、奇跡の存在でああなたの生年月日の干支、星は、以下QRコードからスマホで、無料で算出できます。

（提供：五行推命学研究所　中島学氏）

るというのです。

　この唯一無二の尊い個性を「人間学四柱推命」は一瞬で、正確に、より深く見分けることができるので、「人間学四柱推命は、個性分析装置」といえるのです。

　また、人間学四柱推命は、生まれたままの「本当の自分」を知るための「学問」であり、その人の生まれた年月日時の干支を基にして、その人の「天命、使命と、天賦の才能、天職、運勢」を知る「人間生命科学」です。

爪の先にも満たない種から、大樹が育つように、りんごの種からは、りんごしかならないように、生命が誕生したときの状態の中に、すなわちDNAの中に「生命の暗号」（干支）

が隠されています。その後に展開するすべての未来の要素が凝縮されているように、そのDNAの中に実は、「運命の暗号」までも隠されているのです。従って、人間の先天運の一切は誕生の時が握っているといっても過言ではありません。

ですから本来四柱推命というのは、単なる運の吉凶をいう占いではなく、その人の持って生まれた天命・使命・才能を、「科学的に、論理的に、社会学的に、哲学的に知り、人間の存在価値を高め、意義ある人生を送らせる学問であります。

さらに、中国4000年歴史の中で、1000年にもわたって一億人以上の四柱推命データを統計的に解析、検証してきたのが、人間生命科学としての四柱推命学なのです。

▼人間学四柱推命は何がわかる?

人間学四柱推命では、以下のようなことがわかります。

①天命：何のために生まれたのか?
②使命(ミッション)：何をするために生まれたのか?何のために働くのか?
③天性：誰も真似できない特別な性質。
④天賦の才能：誰も真似できない、元々備わっている才能。

⑤天職：天命・使命を果たすために与えられている自分の才能を生かした、人のため世の中のため役に立つ生涯の仕事。
⑥性格の長所と欠点。
⑦顔形や容貌、体形、体質等。
⑧健康問題。注意すべき病気や。発病の時期。
⑨適職。適する仕事の形態。
⑩先天的な経済力・財運の有無・強弱。
⑪後天的な金銭トラブルの時期。金運上昇・事業の発展、衰退の時期。
⑫社会的に地位・名誉・人気運が上昇する時期、転職で成功する時期。失敗しやすい時期。
⑬一生の運気の周期と波。毎年・毎月・毎日の運気。大まかな20代、40代、60代の運気。晩年運、老後の様子。
⑭男女関係。恋愛・結婚運。相性。恋愛の時期、結婚の時期、離婚・別離の危機性がある時期。
⑮人間関係全般のあり方。協調性の有無。会社員タイプか、自営業独立タイプか？

⑯宿命の結婚相手？自分と配偶者との関係。如何なる配偶者と縁があるか。
⑰両親との関係。如何なる両親であったか。両親の仕事、人柄、運気等。
⑱どのような先祖・家柄、血筋であったか。祖父母の仕事や人となり、遺伝等。
⑲兄弟姉妹との関係。兄弟姉妹の多少。如何なる兄弟姉妹か？
⑳子孫運。子供ができやすい時期。子供との関係。老後の子や孫との愛情関係。
㉑立命（りつめい）：真の開運法

☆人間力を高めるためにできること

最後にまとめをいたします。

仕事や結婚、人間関係、人生で、うまくいかないのは、本当の自分がわからず、何事においても自信・確信がなく、ストレスに弱いからであり、結局、人生問題は、「本当の自分」を知らないことが根本的原因に行き着きます。

したがって、「本当の自分」を知ることさえができれば、ほとんどの人生問題は解決するのです。そのためには、本当の自分を知ることのできる人間学教育が絶対的に必要になってきます。

すなわち、本当の自分である5つの要素「天命」「使命」「才能」「天職」「運」を知って、「人間力」を高めることができる「人間学教育」が必要になってくるのです。そして今こそ、「人間力」を高める「人間学」という学問を教育する国家的プロジェクトが絶対的に必要不可欠になってきます。

そのことを、安岡正篤先生は、「私どもが念願していることは、この大切な根本的な意味における人間学を盛んにして、これを国家生活・国民生活百般の上に実現していきたいということであります」と述べています。

この言葉に激しい衝撃を受けた私は、「本当の自分」に目覚め、「輝く自分」「輝く社会」を創るため、志、人間力、運を高める「人間学」を教育する大人の学校「命和塾」を設立することとしたのです。

(公式ホームページアドレス　https://meiwajuku.com)

第2章

「天命」「使命」について

第2章では「本当の自分」を知る5つの要素のうち、「天命」「使命」について分けて解説します。

まず「天命」について、構成は次のようになっています。

①天命とは何か?

1、天から与えられた命

2、天からの命令

3、絶対、唯一、永遠の尊い価値のある個性的存在

②天命を知る③天命に目覚める④まとめ　です。

☆天命とは何か?

▼この世に生を受けた理由を知る

天命とは、簡単にいうと、生まれてきた理由です。

ほとんどの人は、生まれてきた理由がわからず、すなわち天命がわからないために、なんとなく、刹那的に孤独感の中で生きています。

自分が生まれてきた理由がわからないということは、生まれてきた意味がない、価値がないことと同じです。したがって、人生に生きがいを見いだすことができず、孤独感に苛まれ、それが深刻なストレス社会の根本原因となっているのです。

私たちは何よりもまず、「天命」を知る必要があります。天命とは何か――それを知る前に、まず「天命」の「命」について知る必要があります。

「命」とは、過去にも未来にもたった一つしかない、この尊い命をどう生きるかということであり、それを学ぶのが人間学です。論語には、「命を知らざれば、以て君子たること無きなり」とあります。すなわち、「命は人間学の中心であり、命を知らないとリーダーではない」というのです。

安岡正篤先生は、「命」というのは普通「いのち」と言っておりますが、普通に「いのち」というのは「命」のごく一部分にすぎないとし、次のように解説しています。

「命」というのは、絶対性、必然性を表している。自分というものはどういうものであるか、自分の中にどういう素質があり、能力があり、これを開拓すればどういう自分を作ることができるな、これが「命を知る」ことである――と。

さらに、人生そのものが一つの「命」である。

我々の生命というものは、なぜ生命というのか。

生の字になぜ命という字を付けるかというと、我々の生きるということは、これは好むと好まざると、欲すると欲せざるとにかかわらない、これは必然であり、絶対的なものである。「おれはどうして生まれたんだろう」というのはナンセンスである。

そこでその絶対性、必然性、至上性、それを表すに命というものを以てして、生命というのです。

以上のことからすると、命とは一言でいうと絶対性、必然性、至上性のことを指しているのです。

天命とは、すなわち、まず、天から与えられた命ということです。人は、誰一人として、自分の意志で生まれていないし、性別、家系、親、国を選ぶことができませんし、変えることもできません。

したがって、偶然生まれてきたのではなく、意味なく生まれてきたのではなく、絶対的理由、必然的理由があって生まれてきたということになります。そして、天命の天は、親であり、その親の本質は愛ですから、天命とは、天（親）から愛されて与えられた必然的な命（絶対的自分）であるということです。それゆえに、天命を知るということは、愛されるため生まれてきた（絶対的、必然的）命、自分であるということを知ることです。

天命とは、天から与えられた命であり、自分自身の中心、自分自身の本質、自分自身の根本です。

自分を地球に例えると、天命は、ぐつぐつと煮えたぎるマグマのようなものです。言い換えれば、情熱、愛、志です。ですから、人はみな、天（親、先祖）から愛されるために生まれ、愛されて育ち、やがて、大人になって愛する人生を生きるというのが、ここでいう天命観となります。

▼天命のもう一つの意味を知る

人はみな、自分の意志で生まれていません。だから何のために生まれてきたのか？　自分からは、絶対にわかりません。だから人生の意味自体がわからないのです。

明治36年に「人生は不可解なり」と書き残して、18歳で華厳の滝に飛び込んだ旧制一高生、藤村操がいます。これは、現代の若者も同じです。天命がわからず、生まれてきた理由がわからず、人生自体がわからなくなって自殺を選んだのです。

そして、自分の意志で生まれていないということは、「自分」というのは結果的存在であり、原因ではありません。原因は、天であり親です。ですから親に自分を生んだ理由を聞くしかありません。

親の「ある願い」が原因で、生まれてきたのです。「親の願い」が原因となって、結果として「私の存在理由」(何のために生まれたのか)となります。

このことを時計に例えてかんがえてみましょう。時計はなぜ生まれたのでしょうか？まず、時を知りたいという願いがあって、時を知らせるという時計が生まれました。ですから、時計を作った作者の願いが、時計の存在理由です。すなわち、時を知りたいという作者の願いと、時を知らせるという時計の存在理由が一致します。

次に人間で考えると、「親の願い」と「私の存在理由」は一致するはずです。

親の願いは「愛するわが子が幸せになる姿を見たい」ということです。この親の願いと一致するのが「私の存在理由」で、それは「愛される対象として、幸せになるために生まれてきた」ということになります。

すなわち、これは、「幸せになれ」という親の願い、親の絶対命令、至上命令で、それが、「天からの命令」「天命」です。

天命とは何かをまとめると、天命とは、存在理由になります。天命は、①天から与えられた命、すなわち、愛されるために生まれたということであり、②天からの命令、すなわち、幸せになるため生まれたということです。

そして、目的のとおりに存在すれば、存在価値があることになります。その存在の価値は、いるだけで、絶対、唯一、永遠、不変的存在であるといえます。

▼生きているだけで存在理由がある

献身的で犠牲的な奉仕活動によって世界中の人々から讃美と敬意を集め、1979年にノーベル平和賞を受賞したマザー・テレサは、

「この世で最大の不幸は、戦争や貧困などではありません。人から見放され、『自分は誰からも必要とされていない』と感じることなのです。世界で一番恐ろしい病気は、孤独です。銃や砲弾が世界を支配していてはいけないのです。世界を支配していいのは、愛なのです。『あなたは、この世にのぞまれて生まれてきたたいせつな人』です」と非常に感動

的な言葉を残しています。

実は、人はみな生まれて生きているだけで、誰かの役に立っているのです。誰がなんと言おうと、すべての人はまぎれもなく、生まれてきただけで、かけがえのない尊い貴重な存在です。

子供のころは、生まれたというだけで、お父さん、お母さんの役に立っています。私たち人間の素晴らしさは、勉強ができるとかできないとか、仕事ができるとかできないとか、人から好かれているとか、いないとか、そんな条件をはるかに超えたところにあるのです。

その素晴らしさは理屈を超えていて、言葉で表現し尽くすことができません。ただ生きているだけで素晴らしいのです。価値があるのです。奇跡なのです。

▼唯一の個性的存在

天命とは何かという3つ目は、「絶対、唯一、永遠の尊い価値ある個性的存在」ということです。

お釈迦様は「天上天下唯我独尊」といいました。これは、あなたという人間は過去にも現在にも未来にも、二度と現れない唯一無二の永遠なる尊い価値のある人間だということです。

☆天命を知るということ

「私」という存在は、人類史上たった一人しかいません。ダイヤモンドが高価なのは、希少価値があるからです。私という存在は希少どころか、たった一人しかいない尊い個性的存在なのです。

「人はみな素晴らしい存在である」ということに感動し続ける毎日を送ることが大切になります。天命を知るとは、このように「命」そのものの尊さを確認しながら生きることです（このように天命を知ることができたならば、自尊力という力がふつふつと湧いてくるようになります）。

▼天命の鍵となる「誕生日」

「人間学四柱推命」で天命を知る鍵は「誕生日」です。「生まれた日」と書いて「星」という字になりますが、事実、あなたの生まれた日の「星」の位置が、暦の「十干十二支」で表されています。

十干は、
甲（きのえ）陽木　乙（きのと）陰木
丙（ひのえ）陽火　丁（ひのと）陰火
戊（つちのと）陽土　己（つちのと）陰土
庚（かのえ）陽金　辛（かのと）陰金
壬（みずのえ）陽水　癸（みずのと）陰水
十二支は、
子（ね）水　丑（うし）土　寅（とら）木
卯（う）木　辰（たつ）土　巳（み）火
午（うま）火　未（ひつじ）土申（さる）金
酉（とり）金　戌（いぬ）土　亥（い）水
実際、生まれ年は、太陽の周りを12年周期で回る「木星」の位置情報であり、その方位のエネルギーを受けて生まれてきます。
生まれ月は、太陽の周りを地球とともに12カ月で回る「月」の位置情報であり、その方位のエネルギーを受けて生まれてきます。

生まれ日は、地球が1日ごとに区切られた、自転する位置情報であり、その方位のエネルギーを受けて生まれてきます。

生まれた時間は、2時間ごとに区切られた地球の自転の角度の情報であり、その方位のエネルギーを受けて生まれてきます。

ですから、以上のように、あなたが生まれた誕生日は、実は、壮大な宇宙の星から発せられるエネルギー（氣）を全身に吸い込み、オギャーと生まれた瞬間の「星」の配置がわかる、神秘の瞬間です。

その星の配置を、十干十二支（六十干支）で表したのが、暦となりますので、暦から導き出される生年月日生時の干支は、生まれた時の星の位置情報であり、宇宙からどういうエネルギーを受けて生まれたかを示す貴重なデータです。

以上のことを理解すれば、「どういう星の下に生まれたのか？」とよくいいますが、これは、まさに的を射た表現であることがわかります。

すなわち、「どういうエネルギー・（氣）（天性）（天命）（使命）（天賦の才能）を、宇宙

（天）から与えられて生まれたのか？」ということと同じです。

この天から与えられたあなただけの、エネルギー・天命・使命・才能を知る方法が、「人間学四柱推命」です。

また、60干支は、12年周期で巡る木星と30年周期で巡る土星が、同じ位置から出発すれば、再び同じ位置に戻るのが60年後になることから、その方位（位置情報）を表す記号として考えられたものです。


以上のように、ここで学ぶ「人間学四柱推命学」は、風水学＝天文学をベースにした四柱推命学なので、「人間学四柱推命」の中に「風水学」は組み込まれています。

したがって、四柱推命を学べば風水学が理解でき、風水学がわかれば、四柱推命の本質が、理解できるようになります。

そして、「人間学」を学べば、「四柱推命学」「風水学」を活用できるようになっています。

また、風水学の中には、「易経」が組み込まれていますので、「人間学」と「四柱推命学」と「風水学」「易経」が一体となっている「人間学四柱推命」を学ぶことで、「本当の

•天命の鍵となるのは「誕生日」•

生年月日時	影響を与える情報		周　期
生まれ年	木星の位置	→	12年
生まれ月	月の位置	→	12ヶ月
生まれ日	地球の位置	→	60日
生まれ時	地球の自転の角度	→	24時間

↓

生年月日時から、星の配置がわかる

↓

星の配置を、十干十二支（六十干支）で表したものが暦

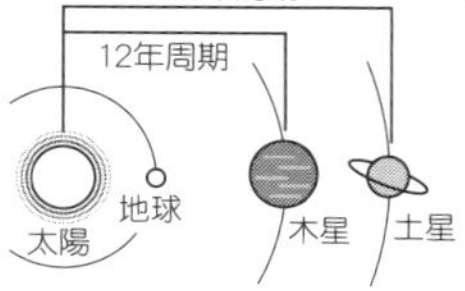

〈参　考〉
60干支は、太陽の周りを12年で回る木星と30年で回る土星の、周期の最小公倍数。

自分」の秘密がより鮮明に解明されていくのです。

★天命に目覚める

▼尊い個性的な存在であることを知る

天命とは何かが、知的に理解できたら、次の段階「天命に目覚める」に進まなければなりません。

天命に目覚めることとは、自分という存在が愛されるために、幸せになるために生まれてきた尊い存在であることを、心から実感することです。実感できれば、火山のマグマが噴火した状態と同じで、自分でも抑えきれない衝動・情熱に溢れ、生きがい、感謝、希望、勇気、自信が湧いてきます。

親は自分が苦労しても、子だけは幸せになってほしいと願っています。あなた自身が絶対的に必要とされ、愛されるために、幸せになるために生まれてきた尊い個性的存在であることを認識（それは、存在しているだけで価値があるということを認識）・実感・自覚することでもあります。

この認識・実感・自覚ができたとき、天命に目覚めたといいます。さらに、親が自分に絶対的な幸福を願っていることを悟り、孝行の道に生き抜くことに目覚めるようになります。親が子に願う幸福な姿は、好きな仕事（天職）で社会貢献し、健康、愛情、経済に恵まれ、人生を楽しく幸せに暮らしていることです。

人はみな、例外なく、絶対に幸せにならなければならない宿命・天命を背負って生まれてきたのです。すなわち、天命に目覚めるとは、与えられた生命の尊厳性、絶対性、永遠性に目覚め、自分自身の存在を、唯一無二の尊い価値のある個性的存在として絶対的自信をもち、他人の喜びのために、自分にしかない価値を与え続けることです。

こうして自分自身が天命に目覚めれば（自尊力）、周りの人はみな自分と同じように、絶対、唯一の尊い価値をもった個性的存在であることに、気づき、周りの人に敬愛の心で接することができ（他尊力）、他人の喜びのために、社会のために役に立つ、生き方ができるようになります。

▼天命を知れば幸せが生まれる

安岡正篤先生は、次のように語られています。

「真の自分とは、天命を知って命を立てる、立命の道を生き抜くことをいう。すなわち、真の自分とは、自分の中に眠っている巨人（無限の可能性）である天命を目覚めさせ、その巨人の存在を知ること（知命）、そして命を立てる、立命の道に生き抜くことをいう」

「『天命』の基本的な法則に従い、それをうまく活用し、徳を行い、しかも自分の才能に応じた生活のあり方に生きるとき、そこにおのずと幸せがあり、多福が生まれると考える」

これが古い中国における「天命」の思想であり、孔子は「五十にして天命を知る」といって、天命を知ることの重要性を語っていました。

☆「天命」のまとめ

天命とは、愛されるために、幸せになるため生まれてきた、絶対唯一、永遠の尊い価値ある個性的「命」のことです。

その天命を知って、天命に目覚めることで、初めて、自尊心、自信、確信、信念、志、情熱をもって、人のため、世の中のため役に立つ自分になれるのです。人間は、何よりもまず「天命」を知って、目覚めることが最も重要であるということにほかなりません。

天命とは何かということが知的に理解できたら、次に天命に目覚める段階に進まなければなりません。天命に目覚めることは、自分という存在が、愛されるために、幸せになるために生まれてきた尊い存在であると心から実感することです。

すると、火山のマグマが噴火した状態と同じで、自分でも抑えきれない衝動・情熱に溢れ、生きがい、感謝、希望、勇気、自信が湧いてきます。

孔子でさえ、50歳でようやく天命に目覚めたのですから、天命に目覚めるのは簡単ではありませんが、まず自分の「天命」とは何かと真剣に求めることから始まります。

人間学四柱推命では、その天命に目覚めているか、目覚めていないかは別として、生年月日の十干から、はっきりと天命を知ることができます。人間学四柱推命で、「天命」は生年月日の十干に示されています。このことは、一人ひとり唯一無二の尊い個性「天命」をもって、生まれてきていることを表しています。ただ、これだと複雑すぎて初心者にはわかりにくいので、まずは、生まれ日十干に示された10種類の天命を見ていきます。

【人間学四柱推命による貴方自身の「天命」を知りたい方には、最後までお読みいただければ、PDF添付ファイルにて特別プレゼントさせていただきますので、引き続きこのまま読み進めてください。】

次に「使命」について、構成は次のようになっています。
①使命とは何か？②使命に目覚める③まとめです。

☆「使命」とは何か

▼豊かな幸せを見つけるために

「天命」に目覚めたならば、次に「使命」が呼び起こされます。深いところにある天命が「使命」となって現れます。

人間学四柱推命で定義する「使命」とは、天命に目覚めた自分が、絶対的自信をもって、自分にしか与えられない価値を最大限発揮、提供して「他人の喜びのために生きること」「誰か人の役に立つこと」「世の中の役に立つこと」と定義しています。

まず「天命」に目覚めて、その次に「使命」を知るようになります。それは、あたかも見えない心が、人相に現れるように、深いところにある天命が使命となって現れてきます。

すなわち「天命」に目覚め、「使命」を知り、すると「才能」が開花し、「天職」に出会い、抜群の行動力を発揮するようになるのです。

・目指すべき8つの理想・

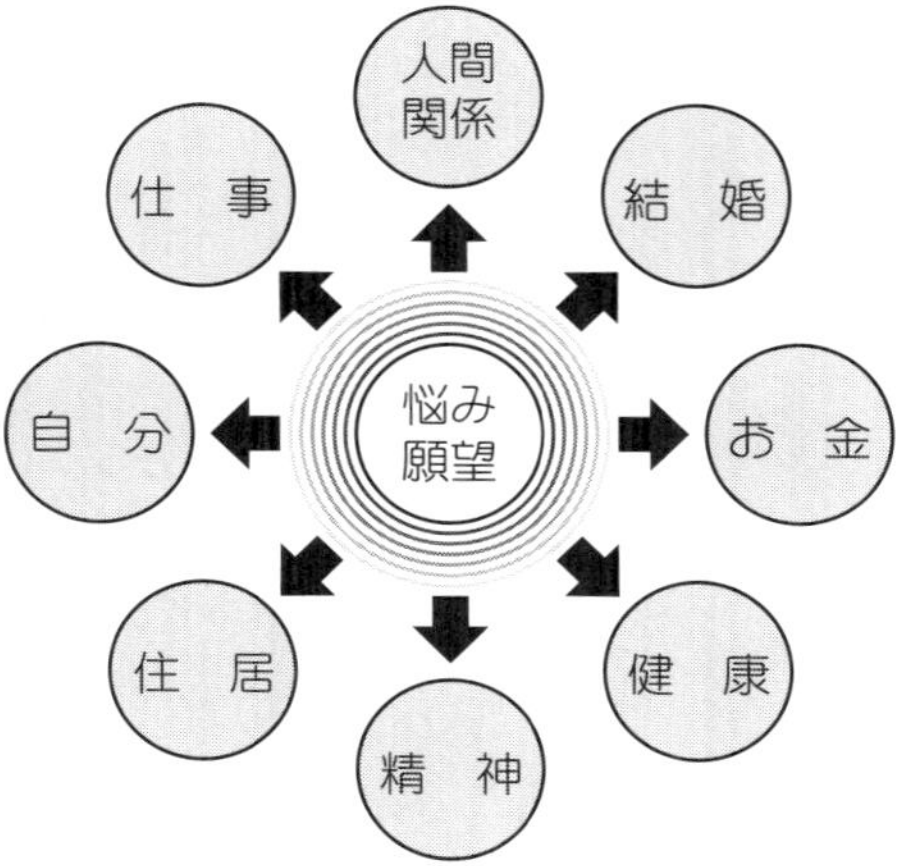

次に、この使命は、八方位、方位のエネルギー、風水、易の観点からみれば、人間が豊かで幸せな人生を送るために目指すべき8つの分野の使命があるということです。

そしてこの天命と使命は、縦と横の関係でもあります。人はみな、豊かな幸せを手に入れるために、必要な目指すべき理想は、8つの分野があり、その8つの目指すべき理想が使命でもあります。それが、自分、仕事、人間関係、家族、お金、健康、価値観、住宅の8つです。

これら8つの理想的状態を目指していますが、現実はなかなか理想どおりいきません。その理想と現実のギャップが悩みのタネでもあります。

「人生の使命」というテーマは、人によってさまざまです。

天職で起業して、多くの人の悩みを解決することかもしれませんし、世界中を駆け巡って活躍することかもしれませんし、今の仕事を誠実にこなしていくことかもしれませんし、愛をこめて子供を育てることかもしれませんし、畑を耕すこと、家業を継ぐこと、家族の暮らしを支え家族を守ることかもしれません。

それだけでなく、人に感謝の言葉を伝えることかもしれません。華やかな舞台に立つことだけが、人生の使命ではないのです。

ささやかな出来事の中で、人生の使命を果たすこともできます。生きるか死ぬかの瀬戸際にある人を、たった一人でも助けられたら、その人が生まれてきた価値があり、それも人生の使命の一つです。ささやかな日々の暮らしの中にも、このようなチャンスが眠っています。

「人生の使命」は、日々をていねいに生き、周りの人たちに笑顔をもたらすことから始まります。

☆自分の使命について知る

▼人間学四柱推命で、「使命」を知る方法

人間学四柱推命で、自分の「使命」を知ることができます。生まれた日の十干が「天命」で、その隣にある生まれた月の十干から導かれる「通変星」からその人の「使命」を知ることができるのです。

「使命」には、生まれた日の十干が10種類、生まれた月の十干が10種類で、計１００パターンあります。

人間学四柱推命では、この十干を基本においています。

生まれた年、月、日、時によって、十干がそれぞれ決まっています。それによって、どのような性質や個性、宿命がもたらされているのかを知る手立てとなるのが「通変星」です。通変星は生まれた日の陰陽五行で決まってきます。

通変星には次の10個があります。

比肩、劫財（または敗財）、食神、傷官、偏財、正財、偏官、正官、偏印、印綬です。

生まれ月は「月柱」と呼ばれ、人生のいちばん大切な時期、社会に出てどんどん成長するための、最もエネルギーが旺盛になる時期を表しています。しばしば、仕事や社会生活での適性や手法などを見るときにも大切な部分として扱われます。

通変星は、その人の内面や精神性を表し、性格や特徴、能力、個性、人との関わりなどを判断していきます。さらに、人間学四柱推命では、「自分の使命＝何をするために生きているのか」と「社会的使命＝理想的社会を創っていく上で自分が果たすこと」、つまり陰と陽2つの使命を知ることができます。

自分の使命が明確になると、自分の才能が開花し、その才能を発揮する天職で仕事するようになり、毎日が充実感で満たされるようになります。

しかし、この「使命感」が弱いと、仕事、人生で充実感を味わうことは決してできません。生きている以上は、「十干の組合せ100パターンから見る使命」をまず知って、深く自覚し、情熱の伴った強い尊い「使命」に目覚めなければなりません。

【人間学四柱推命による貴方自身の「使命」を知りたい方には、最後までお読みいただければ、PDF添付ファイルにて特別プレゼントさせていただきますので、引き続きこのまま読み進めてください。】

☆ 使命に目覚める

▼自分の使命を心から実感する

使命とは何かということが知的に理解できたら、使命に目覚める段階に進まなければなりません。

使命に目覚めることとは、自分は人助けをするため、理想的社会づくりのため、志や情熱をもって社会貢献する――これが自分の使命であることを心から実感することです。

「国民教育の師父」と称された森信三先生は、「人生二度なし」の心理を根本信条とした「全一学」という学問を提唱した哲学者・教育者ですが、その著『修身教授録』の中で、次のように述べられています。

「人間の生涯を通じて実現せられる価値は、その人が人生における自分の使命の意義を、いかほど深く自覚して生きるか否かに比例する。

自分という小さな一つの石でも、ひとたびそれが国家民族という大なる城壁の一構成分子として考えられた場合には、必ずしも全然無意味な存在とはいえないわけであります。

すなわち、そこには、国家民族に対して、他の何人にも任せられない唯一独特の任務と使命とがあるはずです」

☆まとめ

使命とは、天命に目覚めた自分が、自分にしか与えられない価値を最大限発揮、提供して人助け、理想的社会造りのため、志や情熱をもって、社会貢献することです。使命には、「自分の使命＝何をするために生きているのか」と「社会的使命＝理想的社会を創っていく上で自分が果たすこと」という2つの使命があり、具体的には、豊かで幸せな人生を送るために目指すべき8つの分野の使命（自分、仕事、人間関係、家族、お金、健康、価値観、住宅）があります。

使命に目覚めるとは、人助け、理想的社会づくりが自分の使命であることを心から実感することとなります。

第3章

才能・天職

☆「天命と使命」について

才能と天職を理解するには、天命と使命について理解が必要ですので、まず、第2章の復習です。

いま日本に蔓延している深刻なストレス社会の根本原因は、結局のところ本当の自分を知らないことです。

第2章では、「本当の自分」を表す5つの要素のうち最重要事項である「天命」「使命」を知って、目覚めるようになれば、人生問題のほとんどは解決する、ということを解説しました。

天命とは、簡単に言えば、生まれてきた理由です。

天命の字を分析すると、その解釈は「天から与えられた命」になりますので、人はみな、愛されるために生まれてきたという「いのちの理由」があります。

次に2つ目の解釈は、「天からの命令」になりますので、

人はみな、幸せになるために生まれてきた「いのちの理由」があります。

３つ目は、人はみな「絶対、唯一、永遠の尊い価値ある個性的存在」であるいのちとして生まれてくるということです。その天命に目覚めるとは、愛され幸せになるために生まれてきたという「命」そのものの尊さを確認できた状態をいいます（自尊力）。

以上のように、天命に目覚めると「人はみな素晴らしい存在である」ことに、感動し続ける毎日となり、人生をわくわく生きるようになり、自分でも抑えきれない衝動・情熱・自信に溢れ、周りの人に敬愛の心で接することができ（他尊力）、他人の喜びのために生きることができるようになります。

この天命を知ることの大切さは、多くの偉人の方々がおっしゃっています。

安岡正篤先生は、「真の自分とは、天命を知って命を立てる、立命の道を生き抜くこと」と言います。

易経には、「楽天知命故不憂」（天ヲ楽シミテ。命ヲ知ル。故ニ憂ヘズ）と書かれています。これは、己の天命を知り（悟り）、それを果たしていくことにより、すべてを安らかに楽しむことができ、何も憂うものがなくなる、という意味です。

日本資本主義の父といわれる渋沢栄一は、「一人ひとりに天の使命があり、その天命を楽しんで生きることが、処世上の第一要件である」と述べています。
西郷隆盛の有名な言葉は「敬天愛人」があります。これは、「人は天命というものを天から与えられ、それに従い生きているのである」という意味です。

次は「使命」ですが、本書では、天命に目覚めたあなたが、絶対的自信をもって、あなたにしか与えられない価値を最大限発揮、提供して「他人の喜びのために生きること」「誰か人の役に立つこと」「世の中の役に立つこと」と定義しています。
そして、人はみな、豊かな幸せを手に入れるために、以下のような目指すべき8つの分野（使命）
――自分、仕事、人間関係、家族、お金、健康、価値観、住宅を常に考えておかなければなりません。
本章では、「本当の自分」を知る五つの要素のうち「才能」「天職」について紹介します。

★自分の「才能」を知る

「才能」について、ここでは以下5つの内容をみていきましょう。
①才能とは何か？　②天賦の才能を見つける簡単な2つの方法
③「才能の原型」という考え方　④才能を発揮する10の仕事の形　⑤才能を発揮していく7つの段階

▼才能とは何か？

有名な哲学者のニーチェは「才能とは、発掘するもの」と語っています。

「自分が立っている所を深く掘れ。そこからきっと泉が湧き出る」と——。

すなわち「天命」や「ミッション」と同じく、才能も、心の奥深いところに隠されているので、温泉を掘り当てるように、発掘が必要だということです。

「才能」は、天命、ミッションを果たすために、天から与えられているものです。元々誰もが生まれたときから備わり、隠れているだけなのに、それに気づかず、「私には才能なんてない……」「才能はごく一部の特殊な天才に与えられているものだ……」と言うのは、多くの人が最も陥りやすい重大な誤解です。

そうではなく、すべての人が持つべき、正しい最も重要な事実は、「誰もが100％例外なく天賦の才能を持っている」ということなのです。

そして、天命、ミッションに目覚めた天賦の才能とは、燃え尽きることのない内なる炎（情熱）であり、絶対的に、自分を世の中に役立てたいという切望感であり、無意識に繰り返される思考、感情、行動のパターンです。

天賦の才能を見つける簡単な2つの方法

１つ目の方法は、「あなたの好きなこと」です。自分では意識していないかもしれませんが、「わくわくすること」や「情熱をもてること」の中にも、あなたの才能は隠れています。

「得意なこと」「ほめられてきたこと」「こだわってきたこと」「実績のあること」「経験を積んできたこと」「取得してきた資格」などの中に、あなたの天賦の才能が隠れているのです。

このことは、あらゆる業界の成功者を見てもわかるように、成功者に共通するのは、「自分を突き動かす感情」「才能」をもっているということです。

「才能」を見つける一つ目の方法は、自然とできてしまうことであり、わくわく感があって、時間を忘れて没頭できるような「好きなこと」「情熱をもてること」「得意なこと」となります。

そして、もう1つの方法は意外なところにあります。

それは「ネガティブな感情」「短所」などの中にあるのです。「イライラ」「怒り」「悲しみ」「苦しみ」などです。そのような感情は、通常フタをしたほうがいいと考え、そこに隠されている才能は表に出てくる機会を失っています。

私たちは、子ども時代から、「ネガティブな感情」や「短所」を直すように教えられてきました。

その結果、大人になると、何の特徴もない「平均的な人間」となってしまっているのです。

才能とは、その人個人特有の感情です。あなたが、抱く「ネガティブな感情」までも、実は、あなたの中に隠された「才能」なのです。

アップルコンピュータの創設者の一人スティーブ・ジョブズは、生まれてすぐ養子に出され、家族との絆を分断される少年時代を過ごします。彼は、誰よりも孤独感、悲しみの感情を感じていました。その「ネガティブな感情」は、常に愛情でつながっていたいという切望感として大きくなり、iPodやiPhoneなどの革新的な商品を生み出す「才能」が開花したのではないでしょうか。この「ネガティブな感情」が「才能」に転換した好例です。

「イライラする」「短気」は、裏から見れば物事をスピーディーに進めていく才能が眠っていることにつながっているのです。

現在は銀行受付には番号制が導入されています。これは、受付の待ち合わせで、すぐイライラ、怒る人がいたのがきっかけといわれています。

あなたは、どういうときにイライラしますか?

自分のイライラポイントを、探っていけばあなたの才能を発掘できるはずです。

「落ち着きがない」と言われていた人は、好奇心が強い人であり、「遅い」と言われていた人は、物事を深く考える人なのです。

その人それぞれの特質を生かしていけば、才能に変わります。

このように、「ネガティブな感情」「短所」までも「才能」と見つめる視点が必要なのです。

▼「才能の原型」という考え方

才能には、いろいろな形があります。人がどんな人物になるかは、その人がもつ「原型」によってある程度決まっているのです。

「あの人は、職人タイプだ」

「あの人は、カリスマだ」

「あの人は、教師に向いている」

このように私たちは「あの人は、まるで○○のようだ」とごく日常的に言っていますが、この○○がここでいう才能の原型です。

この原型は、1つではなく、複数の原型から独自の才能となります。

才能の原型には、その人がもつすばらしい才能と、社会的に受け入れられにくいものが詰まっています。

たとえば、リーダーという原型をもつ人が、深い愛と公平性をもっていたら、おそらく名経営者になるでしょう。しかし、感情的にすぐに人に当たってしまうような人だと、暴君になって、社員はつらい日々を送ることになります。

まったく同じ原型をもっていたとしても、
原型をどう使いこなすかが、その人の人生を決めることになるのです。
生まれたときのＤＮＡ（原型）によって、将来の顔・形、身長など肉体的なことはほぼ決まっています。
一方、性格・運命・運勢などは、生まれたときの生年月日の十干に原型がありますが、年齢や環境の変化や、マインドの変化とともに、大きく変化します。

▼四柱推命に見る才能の原型

原型にはどのようなものがあるのか、見ていきましょう。

四柱推命の十干から、才能の原型を見ていきます。年月日３つの柱それぞれに10種類の原型あるので、
これだけで１０００通りです。生時までわかれば、１０００×10で１万通りとなります。

もっと詳しく言えば２５９２万通りの才能の原型があるのです。

ただ、これだと複雑すぎて初心者にはわかりにくいので、まずは、基本の十干に示された才能と変通星に示された10種類の才能を見ていきます。

以下が、生年月日の十干と変通星から見る「才能の原型」です。

甲①思考力――リーダー……比肩⑪起業家
乙②協調力――サポーター……劫財⑫職人
丙③集中力――カリスマ……傷官⑬技術者
丁④情熱力――善人……食神⑭飲食業
戊⑤社交力――社交家……偏財⑮商売人
己⑥育成力――教育家……正財⑯銀行マン
庚⑦行動力――活動家……偏官⑰革命家
辛⑧こだわり力――芸術家……正官⑱組織人
壬⑨競争力――戦略家……偏印⑲カウンセラー
癸⑩情報力――セラピスト……印綬⑳先生

例えば以下のような場合、

年　月　日　時
丁　己　庚　甲
正官　印綬　　偏財

生まれた日が庚→⑦行動力――活動家、
生まれた月が己→⑥育成力――教育家、
生まれた年が丁→④情熱力――善人、
生まれた時間が甲→①思考力――リーダー。
生まれた月の変通星が印綬→⑳先生、
生まれた年の変通星が正官→⑱組織人、
生まれた時間の変通星が偏財→⑮商売人。

以上のような、才能の原型があります。
どんな人にも、主要な原型は、十干の４つと変通星の３つです。
詳しく見れば、その組み合わせによって、あなたの才能の原型ができあがります。

【人間学四柱推命による貴方自身の「才能」を知りたい方には、最後までお読みいただければ、ＰＤＦ添付ファイルにて特別プレゼントさせていただきますので、引き続きこのまま読み進めてください。】

丁　己　庚　甲
正官　印綬　偏財

戦略家、革命家、商売人という才能の原型をもっていたとしたら、その業界でみんなが驚くような新製品、サービスを提供し続けて、利益を上げるでしょう。性格もパワフルで、クリエイティブな人になっているはずです。

どの原型が全面に出るかは、年代とともに変わっていきます。原型を見ていておもしろいのは、同じ人でも、小さい頃と、10代、20〜70代で、その人の主要な才能の原型が変わっていくことです。

そのときに一番現れている才能の原型が「自分の才能、性格」と思っています。例えば、10代の前半は引っ込み思案だったのに、20代は打って変わって商売人の原型、50代からは教育者の原型が出てきたりします。

年がいくにつれ、別の原型が主役に躍り出るケースといえるでしょう。

これは、生年月日のどの星が働くか、大運、流年によって変わってくるということです。

★才能を発揮する10の仕事の形

同じ才能をもっていたとしても、才能の生かし方一つで、才能が輝くか輝かないかが決まります。

そのため以下のように10通りの才能の輝かせ方があることを知っておく必要があります。

特に、生まれた月と生まれた年にカッコ内に示している星があれば、その才能を輝かせることができます。

①好きなことを「する」（比肩）
②好きなことを「書く」（印綬）
③好きなことを「人に話す」（食神）
④好きなことを「グッズにする」（傷官）
⑤好きなものを「売る」（偏財）
⑥好きなことを「広める」（正財）
⑦好きなことを「教える」（印綬）

⑧好きなことを「組み合わせる」（正官）
⑨好きなことをやっている人を「プロデュースする」（偏印）
⑩好きなことをやっている人に「サービスを提供する」（偏官）

☆才能を発揮していく7つの段階

才能を発揮していく7つの段階には、
①才能発見の段階
②才能開発の段階
③修業の段階
④独立の段階
⑤独自性を発揮する段階
⑥ブランドを築いて活躍する段階
⑦業界のトップとしてリードする段階
があります。

☆天職について

ここでは、①天職とは、②「天職の原型」という考え方、③まとめの3つについて解説します。

▼天職とは

本書で定義している天職とは、自分の天命・使命を果たすため、天賦の才能を発揮して、人のため世の中のため、情熱をかけられる生涯の仕事が「天職」であるということです。

一般的に生活のために嫌々でもしなければならない仕事は「作業」、生活のために自分に合った抵抗なくできる仕事は、「適職」自分のために自分の好きなことをする仕事は「趣味」といいます。

本来、仕事とは、人生そのものです。仕事に生きがいが見いだせなければ、人生の意味がほとんどなくなるといっても過言ではありません。

福沢諭吉は、

「世の中で一番楽しく立派なことは、一生涯を貫く仕事を持つことである」

•易学の観点から天職をさがす•

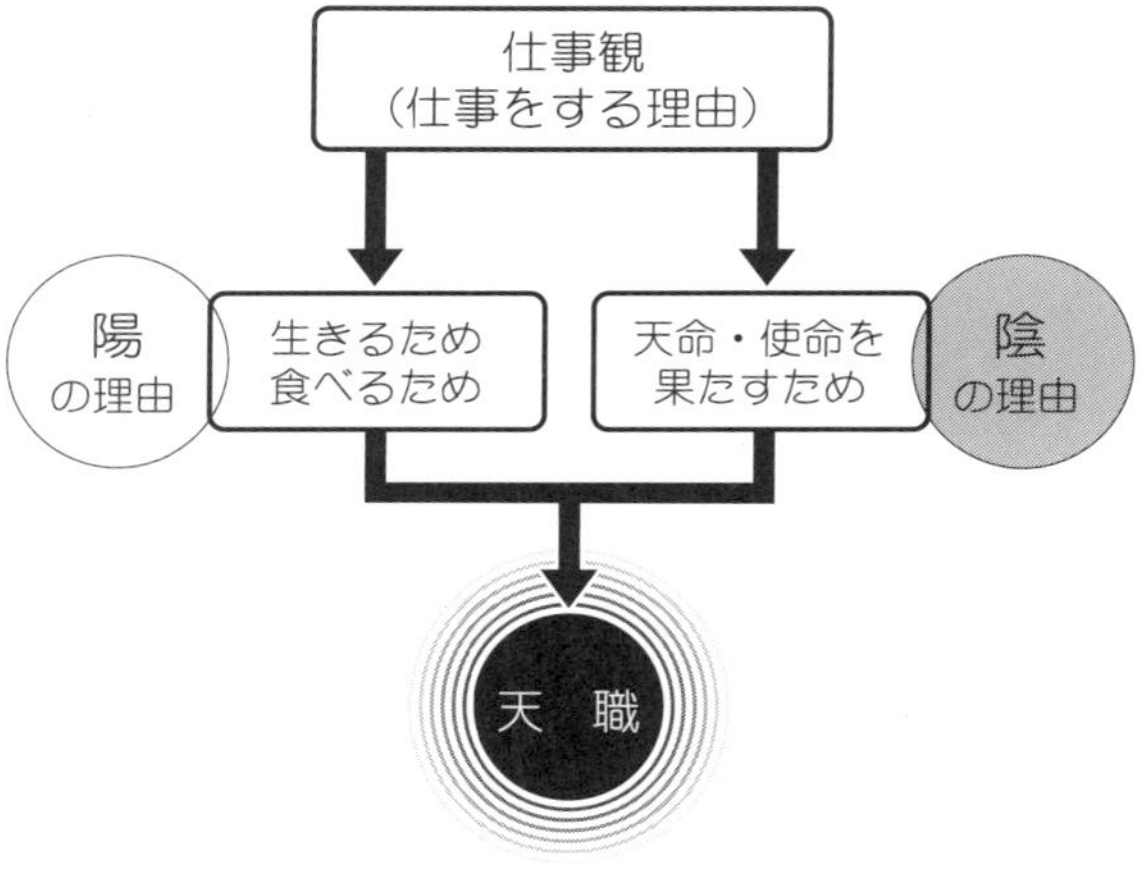

「世の中で一番さびしいことは仕事のないことである」

とおっしゃっています。

教育界の重鎮と言われた森信三先生は、

「職業とは、人間各自がその『生』を支えるとともにさらに、この地上に生を享けたことの意義を実現するために不可避の道である。されば職業即天職観に人々はもっと徹すべきであろう」

とおっしゃっています。

では、私たちは何のために「仕事」をしているのでしょうか?

「生きるため、食べるために必要なお金を稼ぐために仕事する」と答えるかもしれません。これは仕事をすることの大切な理由の一つであることは間違いありません。しかし、これがすべてではありません。95%の人が見失いやすい、何のために「仕事」するのかという2つ目の本当の理由があります。

本来、人間学、易学の観点から定義する仕事をする理由は、陰と陽の2つあるのです。一つ目の仕事をする陽の理由は、生きるため、食べるためであり、二つ目の仕事をする陰の理由は、天命、使命を果たすためです。陰と陽の、この仕事をする2つの理由が揃ったとき、その仕事は「天職」となります。

すなわち、仕事をする理由として、生きるため・食べるためという陽の理由だけではなく、天命・使命を果たすためという陰の理由が明確になれば、その延長線上に「天職」が浮かび上がって、まもなく「天職」に出会えるのです。

しかし、反対に天命・使命を果たすためという陰の理由が明確にならなければ、決して「天職」に出会うことはできません。

安岡正篤先生は、天職のことを「徳業」と言われ、天職、徳業の重要性を以下のようにおっしゃっています。

「事業でも、力づくでやっておると、いずれ競争になって困難になる。事業が人間性から譲み出た、徳の力の現れであれば、これを徳業という。事業家は進んで徳業家にならないといけない。また、その人の徳が、古（いにしえ）に学び、歴史に通じ、いわゆる道に則(のっと)っておれば、これを道業という。東洋人は事業だけでは満足しない。徳業にならないと満足しない。現代の悩みは、事業が徳業にならないで、利業・機業になってゆくことだ。事業というのは、要するに人である。したがって、本当の事業は、事業でなくて『徳業』なのだ」

本当の仕事は、徳業・天職でなければならないというのです。

「天職の原型」という考え方

才能と同じく「天職」も、生まれたときに原型がありますが、通常は眠っているので、ほとんどの人は自分の「天職」が何かわかりません。

転職を繰り返すうちについに「天職」に出会う人もいますが、それも、非常に難しく、「適職」を「天職」と誤解している場合がほとんどです。しかし、天命・使命に目覚めることができれば、才能が開花し、ついには「天職」に出会うようになります。

次に「年月時の変通星の組み合せ」から見つける天職の原型についてです。

「天職」は、自分の天命・使命を果たすため、天賦の才能を発揮してする仕事ですから、才能と同じく、生まれた年月時の変通星に出ています。

具体的には、生まれた月の変通星（メイン50％）10種類と、生まれた年の変通星（サブ20％）10種類と、生まれた時間の変通星（サブ30％）10種類の組み合せになります。単純計算すると10×10×10で、計1000種類の組み合わせで見るのが天職の原型です（ただし、生時わからない人は100種類）。

▼四柱推命変通星から見る「天職の原型」

四柱推命変通星から見る「天職の原型」は次のように分類されます。

比肩……起業家、自営業
劫財……職人、外商、仲介業
傷官……技術者、コンピュータ技師、弁護士、外科医
食神……飲食業、サービス業、レジャー産業、芸能界

偏財……商売、営業、金融業、不動産業
正財……銀行員、事務員、経理、総務
偏官……建築業、警察、自衛官、実業家
正官……会社員、公務員、政治家、経営者
偏印……カウンセラー、セラピスト、看護師、美容師
印綬……先生、学者、教育者、コンサルタント

それでは、具体的に天職の原型の例を見ていきましょう。
どんな人にも、天職の原型は変通星が3つあります（生時がわからないと2つ）。
その組み合わせによって、「天職の原型」が見えてくるのです。

年	月	日	時
丁	己	庚	甲
正官	印綬		財

例えば、このような命式の場合、天職の原型は、印綬と正官と偏財なので「先生」「経営者」「商売」となります。すなわち、学校の先生や、教育熱心な経営者、経営コンサルタントなどが「天職」です。いくら、四柱推命に示されているとはいえ、これこそが自分の天職だと腑に落ちない方もいるでしょう。

実際「天職」にまだ出会っていない人は、四柱推命に示された天職の原型を意識しながら、本気で自分の「天職」に出会いたいという気持ちを持ち続ける事が大切です。そして、目の前の仕事を一心不乱にやっていけば、やがて、必ずこれが「天職だ！」と腑に落ちる瞬間があります。それが真の天職になっていくのです。

豊かで幸せな人生を送るためには、一生涯の仕事である「天職」で仕事をすることが大切です。そのためにもなにがなんでも「天職」に出会うことが重要になります。人生において最も重要なのは、「天職」を仕事にして、社会貢献することです。なぜなら、それこそが人生最大の幸福だからです。

【人間学四柱推命による貴方自身の「天職」を知りたい方には、最後までお読みいただければ、ＰＤＦ添付ファイルにて特別プレゼントさせていただきますので、引き続きこのまま読み進めてください。】

• 今の仕事を天職にするには •

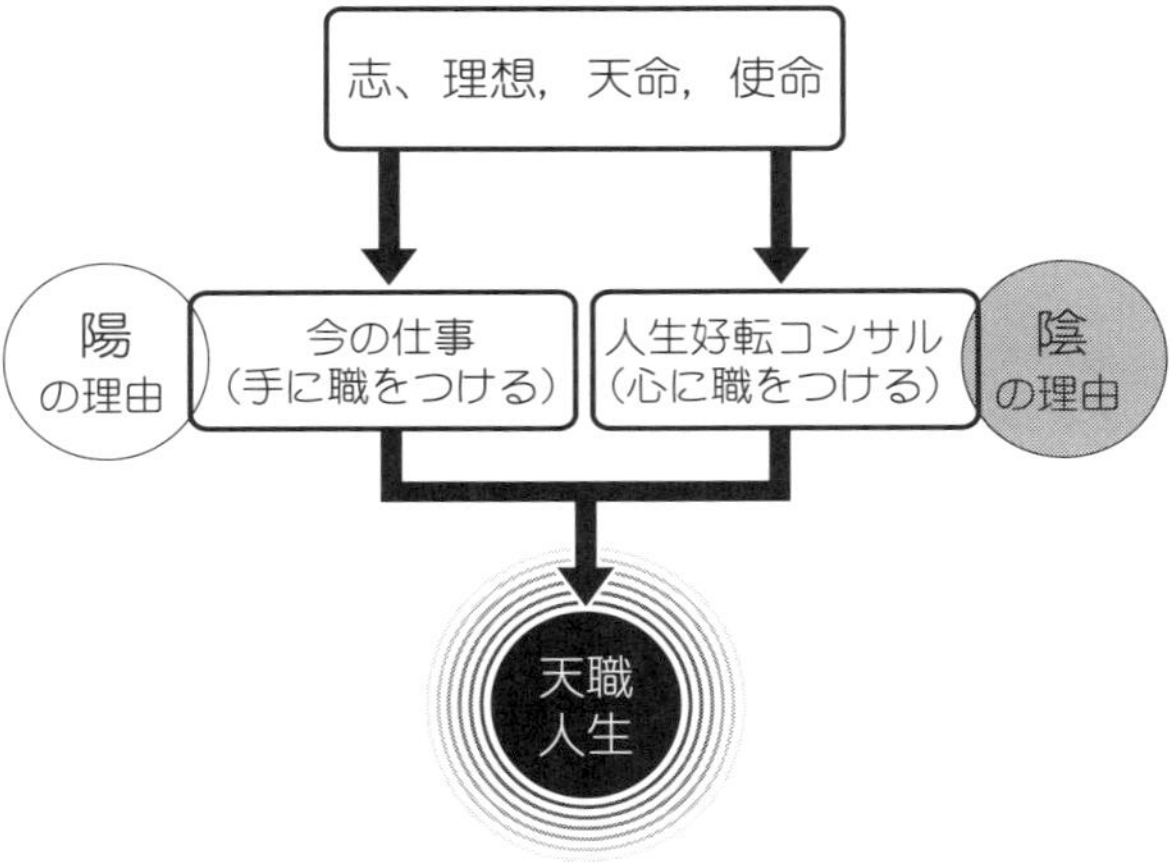

人生好転コンサルタント業

具体的に「天職」を仕事にするには、どうすればいいのでしょうか？

①「今の仕事を天職にする」か、②「天職に転職する」か、③「天職で『起業』する」か、のどれかになります。

一番手っ取り早い手段は①「今の仕事を天職にする」ですが、①〜③いずれにしても、仕事をする陰の理由（天命・使命を果たすためという天職観）をその仕事に導入できれば、「仕事即天職」となります。

それには、「人生好転コンサルタント業」を融合させる方法が最善です。

現在仕事されている方、または、すでに独立していて、コンサルやコーチなどの「一人ビジネス」されている方は、この天職ビジネス「人生好転コンサルタント業」を、今の仕事に取り入れれば、たちまち今の仕事は、「天職ビジネス」に格上げされ、豊かで幸せな一生涯の仕事となります。

②「天職に転職する」についてはどうでしょうか？

今、転職を考えている方は、自分の得意分野――長年のキャリアを生かせる仕事に転職して、この天職ビジネス「人生好転コンサルタント業」を融合、取り入れれば、たちまち「転職した仕事」は「天職ビジネス」に格上げされ、豊かで幸せな一生涯の「仕事即天職」となります。

次に③「天職で『起業』する」ですが、将来、起業・独立を考えている方は、この「人生好転コンサルタント業」を今のうちに身に付けていれば、将来、その起業・独立は、集客に困らないとなり、理想の「天職ビジネス」独立・起業後は豊かで幸せな一生涯の仕事となります。

▼「人生好転コンサルタント業」を天職に

「人生好転コンサルタント業」とは、新職種であり、人によっては天職業となります。それは、人間学四柱推命の学びを最大限生かし、「人物鑑定」を通して、人生好転のアドバイスをして、理想の未来へ導くコンサルタント業です。

下記のような方にピッタリの新職種といえます。

①経営者、自営業者、起業家、士業、保険営業マン、コンサルタント、カウンセラー、セラピスト、エステシャン、整体師など、他者を指導し、教育・導く立場にある方、他者を理解する必要のある職業の方。

②近々、転職・独立を本気で考えている方、既に独立しているが集客・顧客獲得でお困りの方へ。

③人から求められ、感謝され、喜ばれ、やりがいのある生涯の仕事天職で、社会貢献したいという方。

「人生好転コンサルタント業」は、売り込まずに自動的に選ばれ続け、口コミが起こるため、集客で困ることがなく、広告費がいらず、店舗を持たず、在庫を抱えず、特別な才能もいらず、必要なことは、誰かのためにお役に立ちたいという「情熱」と「人生経験」だけというまさに理想のビジネス・天職ビジネスです。

年を重ねるほど光り輝き深みを増す「自尊力、他尊力、心眼力、人物鑑定力、応援力、アドバイス力」技術で、相手を活かし、応援し、癒し、救い、定年がなく一生でき、子や孫に誇りを持って伝えられる一生涯のお仕事、徳業、志業、天職、それが、新職種「人生好転コンサルタント」というお仕事です。

今現在、人と関わるお仕事をされている方は、その仕事はそのままで、この「人生好転コンサルタント」という新しい仕事を融合させることによって、あなたのビジネスは、天職に変化します。

今現在、転職・独立を本気で考えておられる方は、この「人生好転コンサルタント業」で独立・天職にすることも可能です。

もし「人生好転コンサルタント」になった場合に得られる6つのメリット。
①やりがい…誰も教えてくれない、しかし豊かな人生を送るために絶対に知っておかなければならない本当の自分の根本的内容であるところの天命・使命・才能・天職・運を教

えてあげられるので、心から感謝され、喜ばれるので、やりがい・生きがいを感じることができる。毎日がワクワク楽しくなる。

②ポジション…人生の先生、人生の師匠といわれるようになる。

③人間力…自尊力、他尊力、志、人間力が高まる。

④スキル…人物鑑定力、応援力、アドバイス力が身に付く。

⑤仲間…志の高い仲間、同志が出来る。

⑥お金…対価として満足な収入が得られる。

「人生において、最も重要なことは、自分の天職に目覚め、天職に就く事です。天職に就くことさえができれば、それだけで、自分が、この世に生まれてきた理由と幸せを感じる事ができるからです。」

「自分の天職に気づき、自分の天職に就くこと、天命に生きることが非常に重要なことです。なぜならば、自分の天命に気づき、自分の天命に生きることが、人生最大の幸福だからです。」

「人間学四柱推命」を完全マスターし、「人生好転コンサルタント」となって、「元気で輝く自分造り、人造り、世直し、国造り」を一緒にしませんか?

「人生好転コンサルタント」養成講座にご興味ある方は、「命和塾」(https://meiwajuku.com/study/)の人生好転コンサルタント養成講座のオンライン講座をご覧ください。

☆まとめ

「才能」とは、天命、ミッションを果たすために天から与えられているもので、もともと誰もが生まれたときから備わっているもの(天賦の才能)です。

「天職」とは、自分の天命・使命を果たすため、天賦の才能を発揮して、人のため世の中のため、情熱をかけられる一生涯の仕事です。

豊かで幸せな人生を送るために重要なことは、一生涯の仕事「天職」で仕事をすることです。

第4章

運について

いま日本に蔓延している深刻なストレス社会は、結局のところ本当の自分を知らないことに根本原因があります。そのため、第3章では、「本当の自分」を表す5つの要素のうち最重要事項である「天命」「使命」を知って、目覚めるようになれば、才能が開花し、一生涯の仕事「天職」で仕事ができるようになるということを解説しました。

第4章は、「本当の自分」を知る五つの要素のうち「運命」について説明します。①運とは何か、②運の構造、③まとめです。

運とは何か

変えられる運と変えることのできない運

運には宿命（先天運）と運命（後天運）があります。何々家に生まれたとか、性別など、生まれながらに与えられている、変えることのできない「宿命」と、仕事運、結婚運など変えることのできる「運命」です。変えることのできない宿命は「先天運」で、変えることのできる運命は「後天運」とも呼びます。

「運」について、世界最大の通信販売会社「シアーズ・ローバック」社の創始者ローゼンワルト氏は、「成功の95％は運によるものである。あとの5％が本当の手腕によるものである。私自身の場合を考えても、私のまわりには、私と同じくらい手際よく仕事を切り回している人は多い。しかし、惜しいことに、その人たちは運に恵まれていない。私とその人たちの違いは、ただそれだけである」と語っています。

これは、どんなに才能があっても、実力があっても、運が弱いと決して成功できないということであり、反対に運が強いとそんなに才能に恵まれていなくても、また実力がなくても、成功を手にすることができます。すなわち、運の強い弱いが、成功するかどうかの明暗を分けるのです。

「余の辞書に不可能の文字はない」という強気の発言をしたことで知られるナポレオンは、「人間の最も大事な能力は『運』である」と語っています。

経営の神様といわれた松下幸之助氏は、会社の経営者に向けて書かれた『物の見方・考え方』という本に「運」について考えるという項目があります。その中で、「幸せを追求する上で、運が強いということが、最も重要なこと」と書かれています。

また、松下幸之助氏がある大学で講演した際、「いちばん偉い人間はどういうものか」

と訊かれたとき、「運の強い人間だ」と答えています。会社経営はもちろん、幸せになるためには実力、才能、技術、努力よりも、人間にとって最も重要なのは運が強いことです。安岡正篤先生は『知命と立命』という本の中で、四柱推命という運命学で天命、使命、運命を知って命を立てる、すなわち運を強くする立命（開運）の重要性を語っています。

▼運とは出会いである

運は、目に見えない氣であり、エネルギーであり、波動ともいいます。ただこれでは抽象的でわかりにくいため、本書では「運とは何か」について具体的に定義をします。

一言で言うと、運とは「出会い」です。

例えば、仕事運といえば、どういう仕事に出会うか、どういう上司に出会うかということであり、結婚運といえば、どういう結婚相手に出会うか、健康運といえば、いつ、どんな病気に出会うか、どんな医者に出会うかということをいいます。

女子マラソン五輪メダリストの有森裕子さんや高橋尚子さんを育てた名指導者・小出義雄監督の著書『君ならできる』のなかで、「Aという監督が気がつかなくてもBという監督が見たら、『あの選手はいいな』と思うこともあるはずだ。そこが人間の出会いであり、

•運の強さが人生の明暗を分ける•

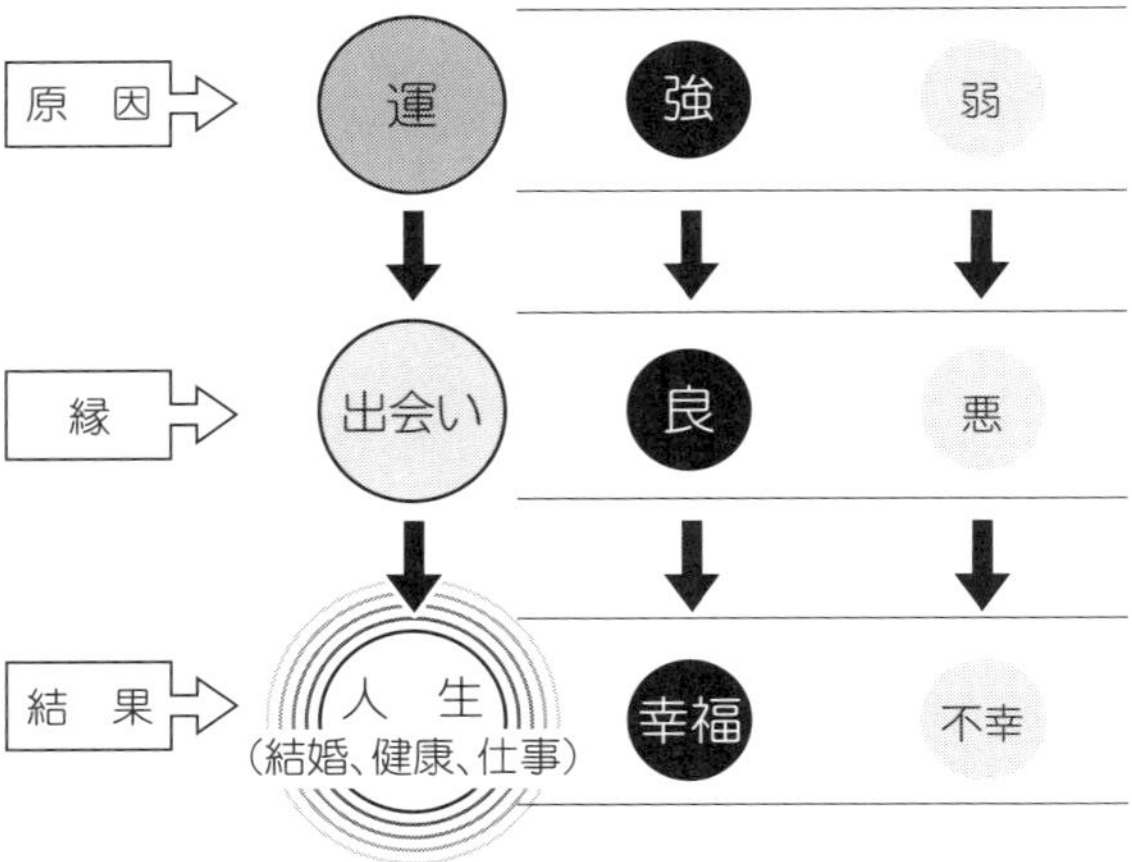

運がいいか、そうじゃないかが関わってくるのだ。その運、不運がとてつもない結果を生むこともある。いい選手を見つけるために血眼になったこともない。しかし、それでもめぐり合うべき選手とは、ちゃんと出会っているのだ。これは、『運』としかいいようがない」と書かれています。まさに運とは出会いそのものです。

　ここで定義する運とは、抽象的なあいまいなものではなく、具体的には出会いということでした。これは、運が出会いを決めるということでもあります。さらに詳しく言えば、運が原因で、出会いという縁を結び、人生は結果ということです。

このことは、たとえ偶然のように見える出会いも、実は偶然ではなく、その背後に運があって出会いがあるのです。運が強いと出会いがよく、幸福をつかむことができますが、運が弱いと出会いが悪いため人生で予期せぬ不幸が襲ってきます。

具体的には、人生の中で特に強く深く出会いがかかわっているのは、結婚、健康、仕事です。事実、結婚、健康、仕事において出会いがよかったら、人生において幸福をつかむことができるでしょう。しかし、結婚、健康、仕事において出会いが悪かったら、人生において予期せぬ不幸が襲ってきます。

以上のように、運の強い弱いが、出会いの良し悪しを決め、人生の幸不幸が決まってきますので、結局、運の強い弱いが人生の明暗を分けることなのです。

▼原因があって初めて結果がある

西洋では、聖書に次いで1世紀以上もの間、読まれ続けている超ロングベストセラー『原因と結果の法則』があります。イギリスの哲学者、ジェームズ・アレンが1902年に書いた短い本で、デール・カーネギーやアール・ナイチンゲールなどに多大な影響を与えた自己啓発の源流ともいうべき書です。

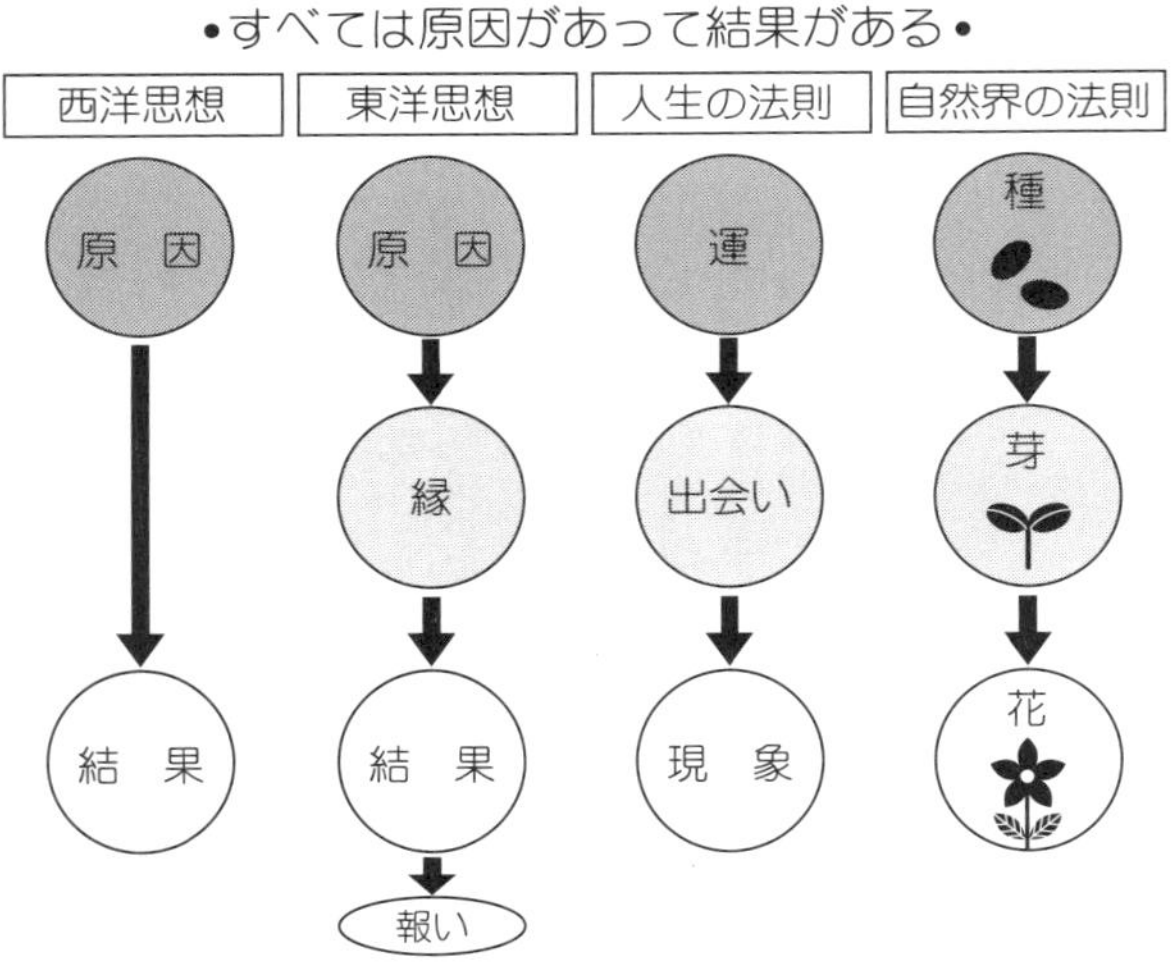

その本の中で、宇宙自然界、人間人生において例外なくすべてに厳密に適応される法則が、「原因と結果の法則」であると書かれていています。すなわちすべての出来事には、原因があって初めて結果として表れてくるという厳密な法則があるので、原因なくして結果は表れてこない、すなわち偶然というのは決してないということを言っています。

このことは東洋思想の根幹でもある因縁果報という法則とよく似ています。

東洋の因縁果報は、この西洋の原因と結果の法則よりも、より詳しく説明しており、原因があって縁に触れ、縁に触れて結果が表れ、結果の後に報いがあるということを言っています。

結局、西洋でも東洋思想でも、たとえ偶然のように見える現象も、偶然ではなく、その背後に何らかの原因（運）がある、ということを言っています。

自然界では、種を蒔くことが原因となって、芽が出て、結果として花が咲いて実ができます。スイカの種を蒔けばスイカの芽が出て、スイカの花が咲いてスイカの実ができます。りんごの種を蒔けば、りんごの木の芽が出て木になり、やがて花が咲いてりんごの実ができます。

スイカの種を蒔いてりんごの実は決してできません。りんごの種を蒔いてスイカの実は決してできません。

これは、種を蒔かなければ、偶然には決して実はできないという自然界の絶対的な原因と結果の法則です。

このことは、逆に考えれば、おいしそうなスイカを見れば、これは明らかにスイカの種が蒔かれていた結果だということがわかりますし、りんごのおいしそうな実を見ればこれは明らかにりんごの種が蒔かれていたことがわかります。これは、実を見れば蒔かれた種がわかります。すなわち結果を見れば原因がわかるのです。

▼幸せを追求する上で重要なこと

原因があって結果が生まれる――これを人間の人生に当てはめると、強い運の種が蒔かれていたら、よい出会い、縁があり、よい現象、結果が表れ、幸福という報いが舞い込んできます。

反対に、弱い運の種が蒔かれていたら、悪い出会い、縁があり、悪い現象、結果が表れ、不幸という報いが舞い込んでくるでしょう。

また、これを逆に考えると、幸福という報いは、よい現象、結果が表れてきたことであり、さらによい出会い、よき縁に触れてきたことであり、元をただせば強い運の種が蒔かれていた、あるいは運が強いことになるのです。同じように、反対に不幸という報いは、悪い現象、結果が表れてきたことであり、さらに悪い出会い、悪い縁に触れてきたことであり、元をただせば弱い運の種がまかれていた、あるいは運が弱いことになるのです。

これらのことから、松下幸之助氏や安岡正篤先生が、おっしゃっていたように、「幸せを追求する上で、運が強いということが、人間にとって最も重要なことであるのです」。

運の強弱が人生の明暗を分ける

運の強い・弱いが人生の明暗を分けるということに、ついてより具体的にみていきます。

先述したように、人生において、運すなわち出会いが最も強く具体的にかかわってくるのは、結婚と健康と仕事です。

結婚運が強い人は、理想の配偶者と出会います。

健康運が強い人は、健康に恵まれます。

仕事運が強い人は、天職に就き生涯の夢を実現していきます。

しかし、結婚運が悪い人は婚期を逃し、離婚問題や跡取りが問題となり、健康運が悪い人は、病気・事故・災難に出会いやすくなり、仕事運が悪い人は、リストラや詐欺に出会ったりします。

これらのことは、偶然に起こってくるものでもなく、いくら実力があっても、才能があっても、努力しても、運が弱いと、このような悪い出会いがあり想定外の現象が起こり、予期せぬ不幸が襲ってきます。

しかし、運が強いと、実力が発揮され、才能が開花し、努力が報われ幸福を掴んでいき

•運の強弱が人生の明暗を分ける•

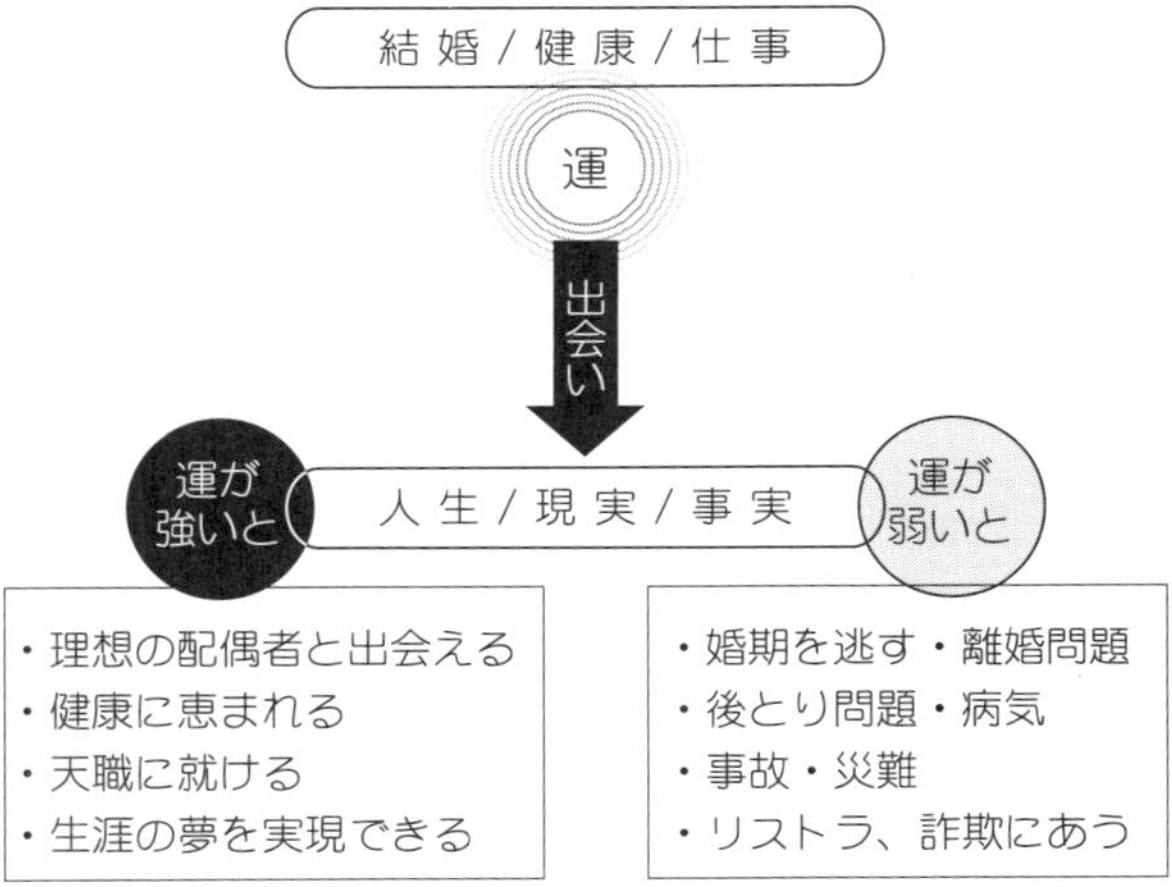

ます。

よく「運も実力のうち」と言いますが、実はこれは全く逆で、「実力は運のうち」にあります。もちろん、実力や才能はないよりはあったほうがいいかもしれませんし、努力もしないよりはしたほうがいいのは当然です。しかし、運と実力、才能、努力を比べたら、実力、才能、努力よりも運の影響力のほうがはるかに大きいといえるでしょう。

▼天の氣、人の氣、地の氣を知る

運とは、氣であり、エネルギーであり、波動です。

この運、すなわち氣ともいいますが、こ

れは大きく分けて天の氣、人の氣、地の氣があります。ですから、本当に、運、氣を知って（知命）、立命（開運）するためには、この3つの運、氣を調べる必要があります。

天の氣とは、天体のエネルギー状態即ち時のことをいい、これを知るためには干支や易などで知ることができます。

人の氣とは、その人がもっているエネルギー状態のことで、四柱推命で知ることができます。

地の氣とは、土地の持っているエネルギーのことで、風水で知ることができます。

▼氣は目に見えない力である

運とは氣です。氣というのは、元気、やる気、とかいう、その氣です。すなわち、氣というのは目に見えない力、エネルギー、運です。そしてその氣というのは、陰と陽と五行すなわち木火土金水の氣の質、種類があります。

この目に見えない力、エネルギー、氣が見える形になったのが、宇宙、自然界、人間で、宇宙、自然界、人間は、すべて「氣」からできているといえるのです。

例えば、人間でいうと、陰陽は男と女、五行は五本指、四肢五体、五臓からなっていま

・氣とは何か？・

運 ⇔ 氣（エネルギー、波動）

氣の種類	性　質	知るための方法
天の氣（天運）	天体のエネルギー状態、即ち「時」	干支、易
人の氣（人運）	その人が持っているエネルギー状態	四柱推命
地の氣（地運）	土地が持っているエネルギー状態	風水

す。宇宙、自然界の陰陽は昼と夜、五行は木が樹木、火が太陽、土は大地、金は山、水は川とか海となっています。

この宇宙、自然界、人間に内在している目に見えない陰陽五行の氣を記号で表したのが十干と十二支となります。

▼運は変えることができる

運命学では、運命は宿命にあらず、立命となるという言葉があります。これは、たとえ悪い運があったとしても、ずっと変わらないのではなく、どんどん変わっていく、変えられる、好転していくという意味です。

しかし注意しないと、このことは逆に強い運があったとしても弱い運に変わっていく、変化していく可能性もあることも意味しています。強い運があれば、それをしっかりとつかみ高めていくことが大切です。

病気では早期発見・早期治療というように、運の改善も、早く知って、早く立命していくようにします。

なぜなら、たとえ運が強くてもそれを知らなかったら、宝の持ち腐れ状態となり、その強運は本当の意味では発動しなくなり、実力が今一つ発揮されず、才能が十分に開花せず、努力しても今一つ実りがないのです。

ましてや、運が弱いのに、それを知らなかったら、知らないうちに予期せぬ不幸に巻き込まれてしまいます。転ばぬ先の杖として、運は、早く知って、早く立命していくことが重要です。

☆運の構造

▼変えられない先天運と変えられる後天運

運は大きく分けて、天運、人運、地運があるといいましたが、ここでは、人運の部分を細かく見ていきます。

人運とは、その人のもつ運のことですが、先天運と後天運に分けられます。これは、先天運が変えることのできない宿命で、後天運が変えることのできる運命と同じ意味合いです。

変えることのできない先天運は、生年月日から四柱推命で、天命・使命・才能・天職・運を見ていきます。

変えることのできる後天運は、心相と三大相があります。

心相は、ものの見方、考え方、感じ方で、心のエネルギー状態をいいます。簡単に言えばプラス思考かマイナス思考かであり、この心相は特に人相にはっきりと現れてきます。この心相は、人相で見ることができ、易経でそのときの心の状態や時を見ることができます。

三大相は墓相・家相・印相のことで、日本では昔から非常に大切にされてきました。

印相は、印は人なりといって、個人の実印や銀行印、認印が三文判であったり、長さが60ミリなかったり、印面が欠けていたりなど凶相があると、個人の運気がよくないといわれてきました。

・運の構造・

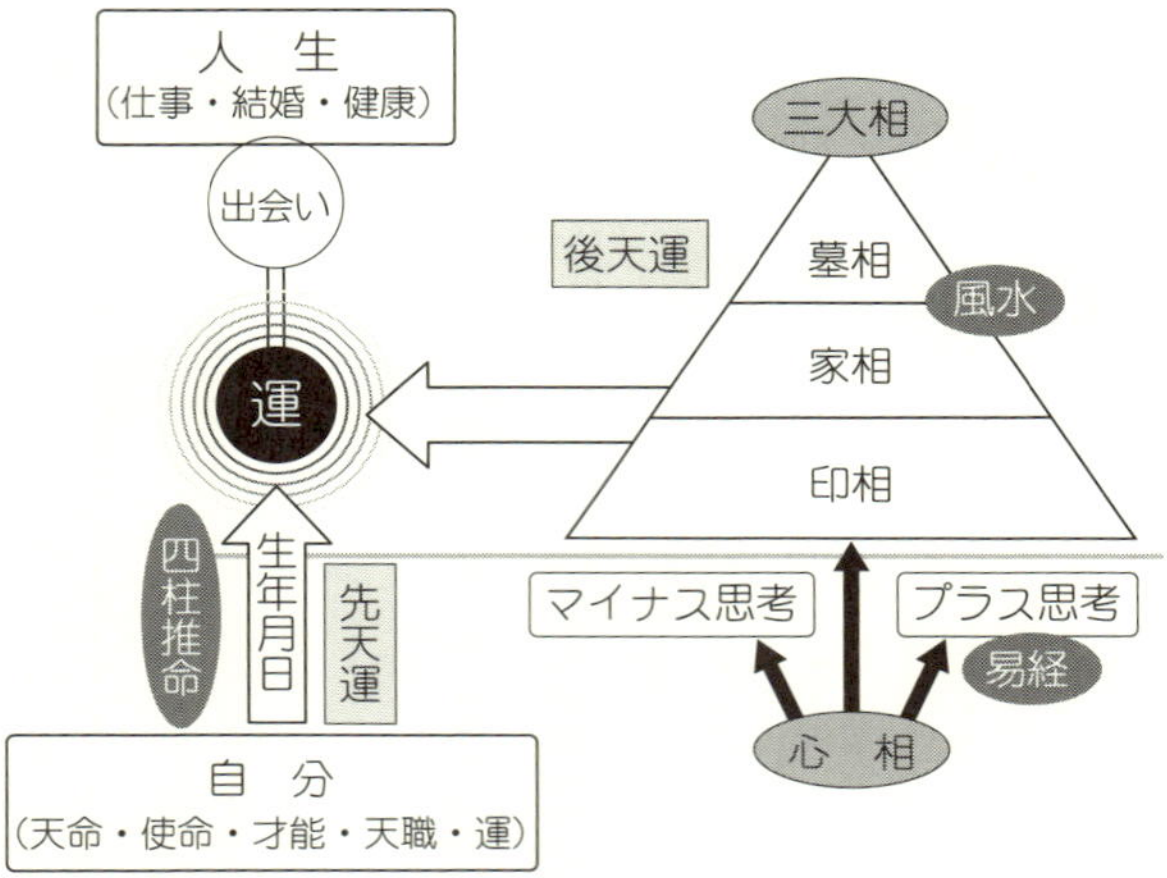

▼陰宅風水と陽宅風水

墓相は、親族全体の運を表すとされるお墓で、自分のルーツである先祖をどれだけ大切にしているかの一つの指標になります。お墓そのものがあるとかないとか、お墓の形や向きなど、お墓の相が悪いと親族全体に悪い運気が、襲ってくるというものです。

家相は、鬼門方位に不浄のもの――トイレや台所があると凶相であり、その家に住んでいる家族全員に悪影響が出るとかいいます。

本書で扱うのは、今説明したような日本古来の墓相・家相ではありません。易学の陰陽思想により墓相は陰宅風水、家相は陽宅風水としての風水でとらえています。

風水は古代中国において長い年月をかけてできあがった学問体系ですが、元来は、父母をはじめとした先祖をどの地に埋葬するか、墓の向きをどうするかといったことから始まり、それが自分や自分の家族、そして子孫の繁栄に大きな影響を与えることを知り得てきたのです。

「埋葬された先祖の肉体は、埋葬した地の『地の氣』と、埋葬時の『天の氣』を受け、その『天地の氣』を血族である子孫達も感応する」というのが基本的な考え方です。

先祖を埋葬する墓地を「陰宅」と呼ぶのに対し、地上で生活する人間が、居住や仕事など、生活の営みをなす「場」（建物とその敷地）を「陽宅」と呼びます。

このように風水は、生氣の宿る地に先祖を埋葬することによって子孫の安寧と繁栄のための墓地風水だったのですが、唐代以降は、安寧と繁栄を目的とした王宮や都の建設という国家的事業に応用されるようになったのです。その考え方や技術は中国国内だけでなく、近隣諸国にも伝わりました。中国の長安（西安）、韓国の京城（ソウル）、日本の平安京（現京都）などは陽宅風水によって建てられた街です。

現代の陽宅風水は、住居としての建物、会社のビル、オフィスのある雑居ビルや店舗、さらには建物の敷地も含めたさまざまなものにまで及んでいるのです。

また、風水鑑定の目的も、商売繁盛や収益拡大、病気平癒や健康増進・健康維持、さらには恋愛や結婚成就、家族関係や人間関係など多岐にわたっています。

▼生年月日が同じでも「運」は人それぞれ異なる

このように一言で「運」といっても、変えられない先天運と、変えられる後天運があります。

そして後天運には、心相と三大相があるのです。

人の宿命・運命すなわち運全体を把握しようとすれば、先天運と後天運をすべて見なければなりません。四柱推命、易経、人相、陰宅風水、陽宅風水、印相を総合的に見て初めて人の運全体を把握することができると考えます。

したがって、例えば四柱推命で先天運だけを見ても、それはその人の運の一部でしかないのです。

その人がもっている運全体を完全に把握したことにはなりません。

例えば、生年月日が全く同じだと、四柱推命の星も全く同じになるわけですから、同じ運命、同じ人生をいくはずですが、実際にはそういうことはありません。なぜなら、それこそが、まさにここでいう心相の違い風水の違いによって、運が違ってくるため、運命人生が違ってくるからにほかなりません。

以上のように、運の成り立ち、運の構造を理解すれば、本当の自分を知り（知命）、立命のためにも人間学四柱推命、風水、易経を学ぶ必要があるということがわかります。

人間学四柱推命から紐解く後天運――大運、流年

「大運」とは、一生の運気の波をあらわす後天運であり、「流年」が毎年の運気をあらわすのに対して、「大運」は、人によって違いますが3年〜10年の周期性をもった後天運です。（QRコードから算出した命式表に出ています。）この「大運」の巡り合わせによって、人生の節目を知ることができ、人の一生に影響を与えることは、勿論四柱本体の善し悪しが一番重要ですが、この「大運」が与える影響も人生を大きく左右します。

大運60％、流年40％の割合で組み合わせてみます。

比肩：①天命に目覚める時②天職で起業・独立する時③新しいことに挑戦する時

劫財：①自己主張・自己表現・自己実現の時②新しいことに挑戦する時③試練の時

敗財：①自己主張・自己表現・自己実現の時②新しいことに挑戦する時③試練の時
食神：①精神面でゆとりの年②人気が出る年　恋愛の年③才能発揮の年　受胎の年
傷官：①直感力、感受性、霊感が高まる年②集中力が高まり、才能発揮の年③焦り、怒り、交通事故、手術、訴訟の年
偏財：①社会に積極的に進出すべき年②財（＝宝）を得る年③投資の年
正財：①社会に積極的に進出すべき年②財（＝宝）を得る年③人間関係も安定の年、貯蓄、不動産の取得。健康増進、結婚・再婚の時。子宝。
偏官：①責任感と行動力が湧いてくる年②マンネリを打破、革新していく転換期の年③地位・職場の異動などが多い年。
正官：①偏官と同じ②社会での指導性を持つ年③社会的評価を得られ、地位向上、昇進、出世の年、転職には一番良い年
偏印：①芸術、趣味的分野で伸びる年②過去を整理し自分を振り返る年③悩みの年
印綬：①学問的研究、精神的活動は旺盛な年②内面充実の年③名誉なことが起る年
【人間学四柱推命による貴方自身の「後天運」を知りたい方には、最後までお読みいただければ、ＰＤＦ添付ファイルにて特別プレゼントさせていただきますので、引き続きこのまま読み進めてください。】

第5章

人間学四柱推命、人間学風水、人間学易経を学ぶ

★占いではなかった四柱推命、風水、易経

四柱推命、風水、易経と聞くと、多くの方が「占い」を思い浮かべるのではないでしょうか。

「当たるも八卦、当たらぬも八卦」という言葉のとおり、どうせ占いだから、当たることもあれば、当たらないこともあるさ……と。当たることもあるし外れることもあるのだから、占いは気にするなと、悪い結果が出たときに使われるようになりました。

もともと八卦は、古代中国の易で陰と陽の組み合わせで得られる八種の形――天、沢、火、雷、風、水、山、地の八つの要素が、自然と人生を支配する大本だと考えたのです。この易から生まれたのが四柱推命であり、風水、易経で、占いとは違うものでした。歴代皇帝が秘密裏に受け継いできた「帝王学」だったのです。単なる知識や学びではなく、「実践行動学」や「人間学」「立命学」として活用して、どのように行動すればよいのか、困難や課題にどのように対処すればよいのか、生きる指針となっていました。

さらに、これらを習得できれば、本当の自分がわかり、悩みの原因を正確に根本的に分

析でき、悩みの解決と夢の実現（人生好転）に向けて、勇気をもって行動できるようになるのです。

前述したように、四柱推命、風水、易経については多くの人が「占い」と誤解していま
す。私自身も占いが嫌いでした。占いは「いいかげんなもの」「単なるお遊び」「信用できないもの」「胡散臭いもの」と考えていましたから……。

私は理系で、自分で言うのもなんですが、理論派、超現実派です。非科学的な占いが嫌いなことはもとより、もちろん占い師も嫌いでした。それは、今でも変わりません。当然、私は「占い師」ではありませんし、本書は「占い師」を養成するためのものでもないのです。

本書は、世間に流通している「占い」としての「四柱推命」「風水」「易経」を教える「占いの本」でもありません。あくまでも本書を読んだ人が、人生を好転へと導く「人生好転コンサルタント」としての役割を果たすものです。

巷では「占い師」が「占い」のツールとして「四柱推命」「風水」「易経」を使って占いをしています。では、なぜ今「占い」が流行しているのでしょうか。それも「当たるか当たらないか」わからない、いわば無責任な「占い」が、なぜ多くの人の支持を得ているの

でしょうか。

隠された本物の占い

今流行している「庶民の占い」は、明治以降に生まれたものです。中国四千年の歴史とは全く関係がありません。これには、知られざる明治政府のしかけがあったのです。

江戸時代まで連綿と続いた「本物の占い」と結びついた「帝王学」が、庶民に広まれば、時の政権が危うくなるほどの影響力があることを明治新政府は恐れていました。そのため「占いによる政治は近代国家にふさわしくない」という方針を提示し、「本物の占い」を国家弾圧し、代わりに毒にも薬にもならない「庶民の占い」(これが今日の「占い」です)が、広まるようしかけたのです。以後、「本物の占い」である「四柱推命」「風水」「易経」は裏に隠れ、権力者や有力者にのみに伝わったのです。実際に裏でこれらを用い、国事を動かしてきたのは一部の特権階級でした。

一方、表に出てきた「庶民の占い」としての「四柱推命」「風水」「易経」が庶民に広まっていったため、「四柱推命」「風水」「易」が「占い」としての地位を確立し、多くの人が誤解するようになってしまったのです。

本書で紹介するのは、「占い」としての「四柱推命」「風水」「易経」ではありません。「本物の占い」であり、「人間学」「帝王学」「立命学」なのです。

なぜ、「人間学四柱推命」を学ぶべきなのか？

本書で説明する「人間学四柱推命」は、決して「占いの四柱推命」ではありません。

明治末期に生まれ昭和58年まで生きた安岡正篤先生は、歴代の総理大臣から厚い尊崇を受け、また彼らの指南役として「国の難事」に対処してきました。昭和40年代にわが国の舵取り役だった総理大臣・佐藤栄作はノーベル平和賞を受賞しますが、その佐藤をして「帝王学の人」と言わしめた思想家で、「人間学」の教育家の一面もありました。明治以後、西洋一辺倒になった日本の思想界にあって、東洋哲学の素晴らしさとその深遠さを力説し、在野にあって人々を教化し続けた「導師」でもあったのです。

安岡先生の『易と人生哲学』という本には、「四柱推命は「占い」ではなく、学ぶべき価値のある学問の一つである」ということが書かれています。さらに『易と人生哲学』には、次のように人間学としての四柱推命について解説しています。「いろいろな運命観がありますが、その一に四柱推命学というものがあります。これは民間の易に基づく人間学の中で最も確かと申しますか、内容のある学問です。運命に関する真理の学問であります。……（中略）……　しかし、人間というものは、とかく当たるとか当たらぬとかということに興味をもって一種の博打と同じようにこれを誤用する向きも多いのであります。とかく邪道に走り易い」ということが書かれています。

▼国を統治するのに必要だった四柱推命

もともと「四柱推命」は、歴代皇帝の後継者選びや、国を統治するため大臣官僚などの人事や、人材育成、人づくりに用いられた帝王学・国学でした。言い換えれば、人生の指南書だったのです。

そのため、四柱推命の「根源」に関わる皇帝の生年月日は国家の最重要機密だったのです。かつては国づくり・人づくりの重要な学問の一つでもあった「四柱推命学」と、人間力を高める「人間学」を、現代風に融合させ、現代に蘇らせたのが「人間学四柱推命」です。これは、科学性・真理性のある「人間学」で、今日の占い的な「当たるかどうか」でいえば120パーセント当たります。

当たるかどうかわからない「占い」と違うのは、本人自身も気づいていない「本当の自分」である5つの要素「天命」「使命」「才能」「天職」「運命」を発掘するからです。目覚めていない、眠っている、隠れている「本当の自分」を知ることが第一歩になります。

「人間学四柱推命」は、「本当の自分」を知ることができ、そうすれば「人生を好転に導くことができる「人間学」なのです。

☆なぜ、「人間学風水」を学ぶべきなのか？

「人間学風水」は、決して「占い風水」ではありません。

東洋では、かつて国づくり、都づくりといえば、風水師が王の命令を受けて、土地選びから道や建物の構造まで、すべてにおいて関わっていました。長く繁栄する都をどこに、どのように建設すればよいか……国の命運を一手に引き受けていたのです。

中国の北京、韓国のソウル、日本の京都、東京もみな風水師が場所選びをし、そこを都と定めました。

国づくりは、風水なくしてありえなかったのです。

現代でも、風水は至る所で応用されています。いわば風水の本家ともいえる中国では、2008年の北京オリンピックでは風水によってオリンピックメイン会場を建築し大成功させました。香港やシンガポールでは、有名な一流ホテル、病院、カジノ、マンションなどは、ほとんど風水で設計・建築されています。

▼自然災害に遭わないための風水

日本も江戸時代までは、中国にならって都選び、国づくりに風水を用いていましたし、有名な神社はほぼすべて風水によってその場所が選ばれ建てられています。現代の風水は、国づくりというより、ニュータウンなどの町づくり、自宅の建設などに活用されているのです。

風水は、もともと、自然エネルギーの強い土地を探すことと、風水害に遭わない土地を探すという、2つの大きな目的がありました。自宅購入や引っ越しの場合、何よりその土地が、自然エネルギーの強い、自然災害に強いことが最も重要だからです。

昨今、大地震や津波、台風、がけ崩れなどの自然災害が心配されますが、これらは「風水」を無視して宅地造成し、家を建てた結果、風水害に遭っているといえます。「風水」で、風水害を避けてきた先人の叡智に学び、土地や家を再認識することこそが、最大の「防災」につながるのです。

また、そのような、人づくり、家づくり、町づくりが広がってこそ、風水害に強い、日本の「国づくり」につながります。

風水では、家は単に雨露をしのぐためだけの箱ではありません。大地のエネルギーを充電する充電装置ととらえているのです。したがって、風水のよい家に住み、寝泊りするだけで、大地のエネルギーを受けて元気になり、家族、人間関係、仕事、結婚などすべてがうまくいくようになります。

後悔しない人生を送るなら、新築やリフォームから引っ越しするに際して、風水を知らなければならないのです。

なぜ、「人間学易経」を学ぶべきなのか？

「易経」は、当たるも八卦当たらぬも八卦という「易占い」ではありません。

「君子占わず」という言葉があります。これは、中国戦国時代末の思想家・儒学者の荀子の「よく易を修める者は占わず」に由来し、『易経』をよく学んだ人物は占わなくても先々を知り、行動の出処進退を判断できるという意味です。

安岡先生は『易と人生哲学』の中で次のように語っています。

「易は人間科学、人生科学であり、換言すれば人間科学事業をやるようなものである。易といえば占うものだと考えておるのは、それはまだ易学を知っておらぬからでありまして、本当に易学を知れば、占うということはいらなくなります。

自分で判断して自分で決定ができます。易学というものは、占う必要のなくなる学問であります。やり方さえ正しければ、これくらい面白く、人を救い、自分のためになるものはない」

自己判断ができ、自己決定ができるのであれば、占いの必要性はなくなります。そのために人間科学である易学を学ばなければならないというのです。

☆ 人生を好転に導く「三本の矢」

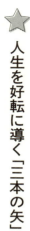

いま、なぜ「人間学四柱推命」「人間学風水」「人間学易経」を学ぶことが大切なのでしょうか。それは、「人間学四柱推命」「人間学風水」「人間学易経」が「占い」ではなく、人生を好転に導く「三種の神器」であり、「三本の矢」であるからです。「天命」「使命」「才能」「天職」「運命」を知り、人生を「革命」し、人を助け、社会貢献する学びが「人間学四柱推命」であり、「真理の学問」「人生を好転に導く人間学」であるからです。

また、四柱推命だけを習得したとしても、風水を知らなければ、引っ越しや新築、リフォームなど、家の運気を見ることはできません。

易経を知らなければ、人生全般にわたって、時の変化を知り、その時、どう動いて、どう対処すれば最善なのかがわかりません。

したがって、人生で起こってくるさまざまな出来事や問題点に対して、的確で、かつ納得のいく答えを導き出すためにも、「人間学四柱推命」「人間学風水」「人間学易経」の3つは、どれ一つとして欠かすことができないのです。まさに天・地・人のすべてを把握できるとんでもないスキルともいえます。

実は、歴代皇帝や指導者、政財界の大物だけが秘密裏に活用してきた帝王学が四柱推命・風水・易経だということは前述しました。

「天」は人生全般にわたり、時の変化を知り、そのときどう動けば最善かを示す「人間学易経」にほかなりません。

「地」は自然環境からくるエネルギーを知り、自宅をパワースポットにする「人間学風水」にほかなりません。

「人」は本当の自分を知り目覚める（知命）、本当の自分を創る（立命）「人間学四柱推命」といえるのです。

このため「人間学四柱推命」「人間学風水」「人間学易経」は、本当の自分に目覚め、豊かで幸せな人生を生き抜くための必修の学びといえます。

▼イチロー選手の四柱推命

先天運としての四柱推命の実例としてまずイチロー選手を取り上げます。彼は、昭和48年（癸丑）10月（壬戌）22日（辛卯）の午前8時43分（壬辰）に生まれました。

イチロー選手の宿命的特徴は、四柱推命学的にいえば「三奇貴人」です。オリックス時代なかなか芽が出ませんでしたが、平成6年に就任した仰木彬監督から類い稀な打撃センスを見抜かれ即座に一軍に呼ばれ、2番打者に抜擢。仰木監督との出会いによって彼は運命を大きく拓いていったのです。その年に当時の日本新記録となる210安打を放ち、3割8分5里という高打率で首位打者を獲得。この年は甲戌年でしたが、四柱推命学的にみると、イチローにとっては命式が活性化されて運気的に良い年だったです。

この年一気に才能が開花し、その後、日本プロ野球で8年連続首位打者、メジャーリーグ10年連続200本安打と、日米の野球界に数々の金字塔を打ち立ててきました。そんな彼の大活躍ぶりを裏付けるように、四柱推命で見る彼の星は、やはり生まれながらにしてただものではなかったのです。

まず、美空ひばりさんにあった三奇貴人という星があり、これは一国の運命を担う名将となり、その名声は一世にとどろく人材となるという珍しい星をもっています。さらに天徳貴人、月徳貴人が両方出ていますから、とんでもない強運の持ち主であることがわかります。

イチロー選手は次男でありながら、鈴木一朗と命名されましたが、運命の出会いとなった仰木監督と出会った年に、スポーツ界では活躍できる画数である9画のイチローに改名してからすぐ活躍していきました。

大リーグへ行く前、平成11年にイチローは結婚し、その年に愛知県西春日井郡豊山町に、イチロー邸を竣工。自ら設計図を描き施工会社に持ち込み、風水的にもこだわったということです。

さらに、有名な彼の小学校卒業文集には、次のようにあります。

——ぼくの夢は、一流のプロ野球選手になることです。そのためには、中学、高校でも全国大会へ出て、活躍しなければなりません。活躍できるようになるには、練習が必要です。ぼくは、その練習には自信があります。ぼくは3才の時から練習を始めています。3才～7才までは、半年位やっていましたが、3年生の時から今までは、365日中、360日は、はげしい練習をやっています。だから一週間中、友達と遊べる時間は、5時間～6時間の間です。そんなに練習をやっているんだから、必ずプロ野球の選手になれると思います。そして、中学、高校で活躍して高校を卒業してからプロに入団するつもりです。そして、その球団は、中日ドラゴンズか、西武ライオンズが夢です。——

いかに夢、志を捨てずに忍耐し挑戦し続ける彼の思いが、本当にプラス思考であることがわかります。

以上のことから、彼は総合的に、先天運、後天運あらゆる運を調べてみればみるほど、もともと強運の持ち主ですが、その土台の上に風水などで立命していることがわかります。

▼松下幸之助の四柱推命

松下幸之助氏は、明治27年（甲午）11月（乙亥）27日（癸酉）午前10時（丁巳）に生まれています。生まれた月には、天の加護による徳があり、一生を通じて災禍などの危険から逃れられる大吉星天徳貴人という星をもち、生まれた月には、親兄弟、親戚、友達、などから強力な援助が受けられる星月徳貴人があり、その他にも他の人にはなかなか出てこない貴命の要素が10項目もありますので、「貴命の王」と呼んでいます。

命式を見てみると、生まれ年に傷官と絶があるので、これは先祖親の代で家運が傾きどん底であることを表します。しかし、本人は月に食神と年に傷官があるので、創意工夫発明、知的才能が豊かな人であることがわかり、生まれた時間に偏財という星があるので、無から有を生み出し莫大な財を築き上げ、地位名誉を獲得する強運の持ち主であることがわかります。

四柱推命で見ると、このように強運の松下幸之助氏ですが、そのことをご存じだったかどうか分かりませんが、ご本人自身が「幸せを追求する上で、運が強いということが、人間にとって最も重要なことである」ということを語っています。

松下政経塾の最終面接で、幸之助氏は「あなたは運がいいですか？」と質問し、「運が悪いです」と答えた人は、どれだけ学歴や面接結果がよくても不採用にしたという話はあまりにも有名です。

☆まとめ

「運」とは「氣」であり「エネルギー」であり、具体的には出会いということです。

運には、変えることのできない先天運と、変えることのできる後天運があります。運が原因で、出会いがあり（すなわち縁に触れ）、人生はその結果として表れてきます。すなわち、運が出会いを決め、出会いが人生を決めるということです。

ゆえに、運が強いと、出会いがよく、人生がうまくいくということであり、運が弱いと、出会いが悪く、人生がうまくいかないということになります。

以上のことから、豊かで幸せな人生を送るためには、四柱推命、風水、易経で、本当の自分である5つの要素を総合的に知り（知命）、開運（立命）することが重要です。

☆体験例——鑑定相談を受けて人生が変わった

15年間離婚状態から、好転鑑定を受け復縁

S・Yさん（50代・女性）

15年前に離婚したYさんには娘さんが一人います。Yさんが働きながら育て上げました。夫は他の女性と再婚したという話を聞きました、離婚当初のYさんは日々の生活に追われるのが精いっぱいでした。

子供も成人して落ち着いてきた頃、私のところに相談に見えられました。これからの生き方のアドバイスをということでした。人間学四柱推命と風水で鑑定しました。

Yさんは昭和◎年◎月◎日生まれで、命式は××です。これは、〜〜。ちなみに前夫の命式は〜で、〜〜。

私の鑑定では、前夫と復縁したほうが運は好転するとあります。前夫はすでに離婚しているようでした。Yさんが前夫に声をかけると、一人で暮らしていたこともあり、復縁することになりました。

結局、Yさんは鑑定後1カ月で再婚。それからはどんどん良いことが起こるようになりました。娘さんの縁談が急に決まっただけでなく、親の財産を相続し、夫は起業することに成功したのです。好転鑑定を受けてからというもの本当にすべてがうまく運ぶようになり、Yさん自身も大変驚いています。

以前より条件のよい会社に転職

K・Tさん（20代・女性）

Tさんは勤めている会社の勤務条件（低賃金、長時間労働、職場環境など）が悪く、転職を考えていました。情報誌やネットの求人情報を見たり、ツテを頼って活動していましたが、なかなかこれといった働き口が見つからず困っていました。そんなときに、私の人間学四柱推命で鑑定を受けたのです。

Tさんは平成◎年◎月◎日生まれで、命式は××です。これは、〜〜。

鑑定を受けた翌月、Tさんは正官という転職に最もよい星と、天徳という最大吉の星が巡っているのがわかりました。それで、「来月になれば、いまより条件のよい会社の採用が決まるでしょう」と伝えたのです。Bさんは半信半疑でしたが、翌月本当に私が願っていた会社に採用が決まりました。

「好転鑑定を受けてから、先生からの言葉が後押しになりました。希望が出てきてわくわくしながら、転職活動できたことも大きかった」と、Tさんは今も快適にこの会社で働いています。

天職を知り起業に成功

M・Bさん（40代・女性）

40代でエステサロンをオープンされたBさん。独立するまでは、企業勤めのエステシャンとして、腕を磨いていました。独立の夢をいつか実現したいと考えていましたが、なかなかそのチャンスが巡ってきませんでした。そんな時に私のもとに来られ、四柱推命と風水の鑑定を受けたのです。そのころのBさんは疲れたようすで、生きる目標を失っているように見えたのです。

Bさんは昭和◎年◎月◎日生まれで、命式は××です。これは、〜〜。四柱推命では、Bさんは天命に目覚め、才能に目覚め、エステシャンが天職であることを伝えると、何かが吹っ切れたように独立へ向かって動き始めたのです。風水ではオープンするテナントの場所、レイアウト、オープンの日時などをアドバイスしました。Bさんはその勧めに従ってサロンをオープンしたのです。

Bさんのエステサロンは順調に売り上げを伸ばし、何よりも生き生きとBさんが楽しそうに働いているのがわかります。

結婚相談で運勢が好転！

Y・Yさん（30代・女性）

結婚のことで悩んでいたYさん。20代のころからいわゆる「婚活」に励んでみたものの、なかなかいい出会いに恵まれませんでした。30代に入って、友人たちの多くが結婚されていくのをみると、何となく不安になっていくのでした。Yさんは仕事帰りに看板を見て、私の四柱推命の鑑定を受けることにしたのです。

Yさんは昭和◎年◎月◎日生まれで、命式は××です。これは、〜〜。

鑑定では、Yさんの結婚の運気が巡っているのは翌年です。そう伝え、希望を持つようにアドバイスすると、Yさんはお見合いパーティーに参加したのです。そこで運命の伴侶と出会い、その後、数カ月で結婚することができたのです。ご夫婦で私のところに礼を言いに見えられましたが、Yさんの素敵な笑顔がいまでも印象に残っています。

☆ 人生好転コンサルタント養成講座に参加された方のお声

人に応援できることに生き甲斐を

T・Oさん（60代・男性）

四柱推命にはもともと興味はありましたが、どこか難しそうで初めは自信がありませんでした。でも講座を受け始めて、その奥深さと真理に、どんどん魅了されていったのです。

楽しくてワクワクするようになり、次の講座が待ち遠しくてたまらなくなりました。

そして自分自身が以前の自分と、変わってきている実感が大いにありました。前向きで積極性がもっと出るようになりました。

現在は人生好転コンサルタント四柱推命鑑定士として、人から求められる存在になり、少しでも人の役に立ち、人に応援できる事に生き甲斐を感じています。

自分らしく生きていく道がわかりました

K・Mさん（50代・女性）

講座を受講する前は、時に流されるままに行動して、あとで後悔するのが自分のパターンでした。運がなかったんだと、あきらめてしまう自分がいました。

そんな自分を変えたいと思ってはいましたが、どうしてよいかわかりません。そんなある日、「人生好転コンサルタント養成講座」の案内が目にとまりました。

本当に軽い気持ちで、「養成講座」の扉を開けてみたのです。勉強していくうちに、本当の自分に近づく、自分らしく生きていく道がわかるようになりました。

講座終了後は、家族・友達の鑑定をして、少しでもその人の役に立てるようにしています。行動する前に一歩立ち止まって考えるようになり、軽はずみな行動はなくなりました。そして、確実に運勢が好転してくるように感じることができています。

人を「幸せに導く」という想いにすごく共感

M・Mさん（60代・女性）

かなり前から「占い」には興味があり、自分でも看られるようになりたいと思っていました。手相やタロットカード、星座占いなどなど、占いに関するあらゆる本を読んでは、ああでもない、こうでもないと「占い」のマネ事をして楽しんでいたのです。

実際に占い関係のスクールを探したこともありますが、仕事をしながら自分に合った日程や場所、金額など、なかなか希望通りのスクールは見つかりませんでした。

そんな時、原村先生の「人生好転コンサルタント養成講座」のことを知りました。自身の仕事にも行き詰まりを感じていたこともあって、これも何かのご縁と足を運びました。

講座では、四柱推命、風水、易経など、しっかり基礎から学ぶことができました。本などである程度知っているつもりだったのですが、先生から教えていただくことは本などから得られる知識とはまた別ものです。わかったつもりが、実は何もわかっていなかったのですね。

講座でのタイムテーブルもマンツーマンで、こちらの事情に合わせてくださりスムーズに学ぶことができました。自分自身のことを知り、家族や親戚のことを知り、周りの知人のことを知る、そして何よりも、ただの「占い師」ではなく「鑑定師」であり「人生好転コンサルタント」であり、人を「幸せに導く」という想いにすごく共感しました。

学び得た知識は、自分自身や家族はもちろん、今迷い悩んでいる方々のため少しでも役立てればと、鑑定師やコンサルタントの仕事も徐々に増やしている毎日です。

私の人生も喜びで好転しています

K・Oさん（60代・女性）

私の人生好転コンサルタント養成講座との出会いは偶然のことから始まりました。しかし、今思えばその偶然は必然的なものであったと感じています。

私の仕事は販売ですが、お店に来るお客さまと接することが多い職場です。あれやこれやといろいろな話をします。そのうちに、お客さまと親しくなると、さまざまな悩みを抱えていることがわかるようになりました。できるだけ私は相談に乗るようにしているのですが、適切なアドバイスができているかどうか心配でした。私のアドバイスが、かえってお客さまのためにならないことがあるのではと思うこともありました。

そんな私に、人生好転コンサルタント養成講座との出会いは出会うべくして出会うものだったと思います。

占いなどに関しては、私は全くの初心者だったので、講座の初めのうちは聞いたことのない単語が多く、戸惑っていました。

それでも何とか、初級、中級と学び風水、易経も学びました。

無事、卒業できたときはホッとしました。

そんなやっとという状況での卒業でしたが、私の仕事でこんなにも学んだことが生かせることになるとは思いもしませんでした。学んだことがとても役に立っているのです。

原村先生のアドバイスを頂きながらお客さまの悩みにお応えすると、本当に喜んでくれているのがわかりました。もう何人ものお客さまをコンサルタントしています。私にこんなことができるなんて……お客さまの喜びは、私の喜びでもあります。

コンサルタントに終点はありません。もっともっと学んでいきたいと思っています。人の役に立つことによって私の人生も喜びで好転しています。

卒業後も親身になってご指導しくださる原村先生のお陰だと思っています。

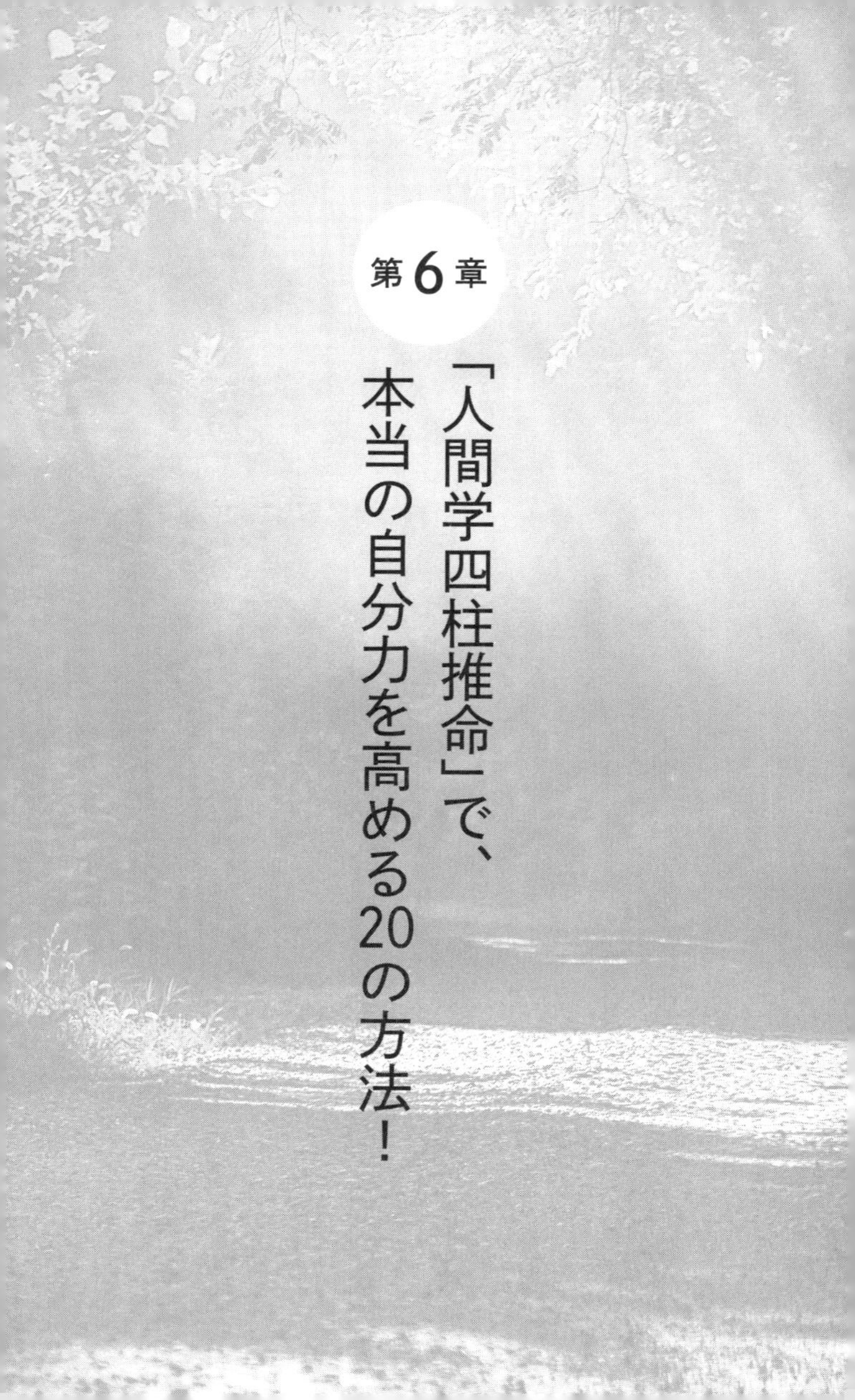

第6章

「人間学四柱推命」で、本当の自分力を高める20の方法！

1 人間学四柱推命で強いリーダーを造る

20世紀のアメリカを代表するジャーナリストであるウォルター・リップマンは、「民主主義の頽廃《たいはい》を救うためには、唯《ただ》一つエリートをつくるより外には途《みち》がない」と言っています。そうしてエリートとは、「中庸《ちゅうよう》」の語を引用して、「天命を知るものなり」と言っているのです。

天命を知って道の修業をする――道を学ぶことによって、本当の指導者が養われるのです。本書で何回も引用しましたが、安岡正篤先生の言葉と同じです。

人間学四柱推命でいうところの強いリーダーとは、人間学を学び、天命・使命に目覚め、志が高く、運が強く、品格があり、人間力、リーダーシップのある人をいいます。簡潔に言えば、自主的、積極的、創造的人物です。

明治維新は、まさにこういう人物によってなされました。ひるがえって、現代日本はどうでしょうか。人間学を学ぶ機会がほとんどなく、真のリーダーがなかなかいません。

そのためいろいろな組織で、絶え間なく問題が起きるのです。あなたがいる業界、会社、地域、家庭など、今あなたがいるその場所で、真のリーダーの出現が望まれています。いなければ、自らが強いリーダーとなる以外に方法はありません。

あなたが、変われば世界は変わるのです。

19世紀のスイスの哲学者で詩人のフレデリック・アミエルは、死後発見された「日記」に多くの箴言を残しています。なかでも有名なのが次の格言です。

心が変われば行動が変わる
行動が変われば習慣が変わる
習慣が変われば人格が変わる
人格が変われば運命が変わる
運命が変われば人生が変わる

安岡正篤先生は「一燈照隅《いっとうしょうぐう》、万燈照国《ばんとうしょうこく》」という言葉を残しています。

これは、「あなたが置かれている場所や立場で、あなたが光れば、あなたのお隣も光ります。町や社会が光ります。小さな光が集まって、日本を、世界を、やがて地球を照らします」という意味です。

人間学四柱推命は、こういう輝く強いリーダーを造ります。

2 人間学四柱推命で感謝力を高める

四柱推命では、人は皆、「天命」「使命」「才能」「天職」を持って生まれてくるといいます。「天命」を与えられて生まれてくるということは、一人も例外なく、生まれてくる理由、存在理由があることを意味します。存在理由があるということは、存在価値があることに他なりません。

聖女マザー・テレサは「あなたは、この世にのぞまれて生まれてきたたいせつな人」という言葉を残しています。

実は、人は皆生まれて生きているだけで、誰かの役に立っています。誰がなんと言おうと、すべての人はまぎれもなく、生まれてきただけで、かけがえのない尊い貴重な存在です。

子供の頃は、生まれたというそれだけで、お父さん、お母さんの役に立っています。

大人になれば、誰かのために、家族のために、社会のために、国のために役に立っています。

私たち人間の素晴らしさは、勉強ができるとかできないとか、仕事ができるとかできないとか、人から好かれているとかいないとか、そんな条件をはるかに超えたところにあります。その素晴らしさは理屈を超えていて、言葉で表現し尽くすことができません。ただ生まれてきただけで、素晴らしいのです。感謝なのです。ただ生きているだけで、素晴らしいのです。感謝なのです。価値があるのです。奇跡なのです。

このように、自分は生まれてきただけで、周りの人を幸せにしてあげる「天命」「使命」「才能」をもった尊い価値ある存在だと、自分のことを心の底から「感謝」できること（これを自己承認といいます）、これこそが、人生において、幸せの第一歩です。「生まれてきたことへの感謝」「生かされていることへの感謝」をベースに人生を生きることが重要です。

そして、この「自己承認」ができている人が、「他者承認」ができ、人のため世の中のために役に立つ「与える達人」となれます。この自己承認のコップを満水にする方法が、

「感謝力」を高めることです。

感謝力を高めるには、次の3段階があります。

第1段階は、与えられているものに「感謝」。

←

第2段階は、あたりまえのことに「感謝」。

←

第3段階は、試練、困難、課題に「感謝」。

「人間学四柱推命」で、自己承認して、「感謝力」を高め、人生を好転しましょう！

3 人間学四柱推命で感動力を高める

四柱推命では、人間のもつべき気質を五行の観点から、次の5つを挙げています。

①自立性、創造力

②直観力、感謝力

③感動力、情熱力

④責任力、行動力
⑤思考力、企画力

これら5つを、バランスよくどれも欠けることなく、すべてもつことが必要ですが、人間にとって、最も大切なのは感動力です。

前項で、自己承認をすることで「感謝力」が高まることを説明しました。その感謝力がベースとなって、その感謝が深まれば深まるほど、喜び、興奮、感動となってかえってきます。

四柱推命が教えるのは、陰と陽の調和からくる、宇宙、自然界、人間の体の構造など感動的・神秘的な美しさです。これら感動の種、喜びの種は、どこにでもあります。意識して見つけ出そうとすれば無限にあるのです。だから、毎日感動の種を発見できれば、毎日感動の人生を創造することができます。

しかし、この喜びの種、感動の種が無限にあっても、それを発見する感性・直観力（前記②）がなければ見つけることができません。

同じものを見ていてもある人は感動し、ある人は無感動なままです。

「人間の進歩というものは、偉大なる発明発見でも悟りでも、すべてインスピレーションとか感動から始まる。ただし感動するには、我々の心の中に感受性がなければならない。感受性というものは、自分が充実しなければならない。放心したり、自分が自分を忘れていたら、これはあるわけがない」

これは、安岡正篤先生が感動することについての大切さを語った言葉です。

人間学四柱推命で感動力を高め、感動的な毎日を送りましょう！

4 人間学四柱推命で情熱力を高める

四柱推命では、すべてに陰と陽の「気」があります。感情も陰の感情と陽の感情があるのです。陰の感情は、感謝、感動で、これは、どちらかというと何かの現象に対する心の反応で、受身的・静的といえます。反対に陽の感情は、情熱で、これは、ある物事に向かう熱情で、積極的・動的です。

また、この「情熱」と「志」は表裏一体で、「情熱のない志は志にあらず。志のない情熱は情熱にあらず」です。

「三国志」の天才軍師と称される諸葛孔明の言葉に「志はまさに高遠を存し」というのが

あります。この言葉の意味について、安岡正篤先生が次のように解説されています。

「志、人間の理想、目的というものはできるだけ高く、できるだけ遠く、高遠でなければならない。目先ではいけない。低くてはいけない。つまり志というものは、志気、志情といって、これは一つの力であり情熱がなければいけない。ただの志だけでは単なる観念になってしまったり、空想になってしまったりして、現実に力がない。『気』というものは、物事が創造されていく、つまり生み成されていくエネルギーのことをいう。だから、志気、現実の活発なエネルギー・力でなければならない。いわゆる気力でなければならない。と同時に、そこには情熱というものがある。だからやはり志はやはり気であり情でなければならない。

つまり人間は良心的・情熱的でなければいけない」

人間学四柱推命で情熱力を高め、志を高めれば、あなたの人生は一変するのです。

5 人間学四柱推命で品格力を高める

人間は、感謝力、感動力、情熱力（志）をもつことが大切ですが、同時に「品格」が大切です。では、品格とはなんでしょう。

国語辞典に、品格とは「その人に感じられる気高さや上品さ。品位」とあります。ウィキペディアでは、「個人ないし特定の団体が、礼儀や節度や人徳、気高さに富む様をいう」とあります。

四柱推命では、五行説から人間のもつべき徳目として「仁、義、礼、智、信」の5つをあげていますが、このうち「礼」が「品格」にあたります。この「礼」(品格)によって社会全体の調和・安定がもたらされているのです。

論語には、「礼を知らざれば以て立つこと無きなり」とあります。これは、礼を知らないままでは、立身出世ができない、動揺し転覆する、自己破滅するという意味です。すなわち「品格」が、欠如すれば、下品、無礼、卑しさ、汚さとなり、社会組織は円滑に機能しなくなります。したがって、どんなに情熱や志があっても「礼」(品格)がなければ、ただの暴走であり、自分勝手となってしまうのです。

人間学四柱推命で、「品格力」を高めていけば、円満な調和・秩序を保つ、社会に有益な存在となることができるのです。

6 人間学四柱推命で見識力を高める

四柱推命の五行から、人間として実行すべき5つの徳目「仁」「義」「礼」「智」「信」のうち、ここでは「智」を取り上げます。

理想を実現するために、現在から未来へ創造していく源泉となるのが、「智」の徳です。

「智」には「知識」「見識」「胆識」があります。

「知識」は、物事を知っているという状況です。この知識をベースとして、そこに社会的体験が加わることによって、やがて善悪の判断ができるようになります。

この善悪の判断ができるようになった状態が「見識」です。自分のやろうとしていることが果たして正しいことなのかどうか。それを判断するときに求められるのが見識です。

そういう判断力のある人を「見識のある人」といいます。

現在の日本を覆っている心の荒廃や価値観の崩壊は、人間の精神形成よりも、頭でっかちな知識主義を無条件に受け入れたことによるといっても過言ではありません。

では、精神の形成にとって大切なものは何かというと、それは「見識」と、それを実行する「胆識」です。

安岡正篤先生は、「知識については、暗記や詰め込み教育でも得ることができるが、それでは人間の信念や行動力にはならない。知識というものは受験などには役に立つであろうが、人間の形成には無価値である」といわれています。

知識よりも、大切なものは見識で、見識は知識を心身の血肉化することによって成り立ちます。これは知識を知恵として心身に深化させることで、そこから発揮されるものです。

見識を高め、体得することで、信念が確立され、それが行動力の原点となります。

7 人間学四柱推命で胆識力を高める

「知識」とは、理解と記憶力の問題で、本を読んだり、お話を聞いたりすればある程度得ることのできる、薄っぺらいものにすぎません。この知識だけでは、人間の信念とか行動力にはならないのです。

知識は、その人の人格や体験あるいは直観を通じて「見識」となります。

「見識」は現実の複雑な事態に直面した場合、いかに判断するかという判断力の問題です。

そして「胆識」は肝っ玉を伴った実践的な判断力です。

困難な現実の事態にぶつかった場合、あらゆる抵抗を排除して、断固として自分の志を実行していく力が「胆識」です。

「胆識」は自分の心身から発する力ですが、それを育てるには、平常において自分が目指すべき理想や目標をもっているか、つまり「志」を抱いていることが大切になります。

知識主義から決別して、「見識」と、それを発揮する「胆識」を鍛え、高めることが、人間の形成、精神の形成には欠かせないのです。

いずれも行動することが重要で、行動が伴わなければ、それは単なる頭でっかちで知識主義の領域を出ないことになります。

冷静になって考えれば、知識も大切ですが、それをもっているだけでは意味がありません。

現在の日本を覆っている心の荒廃や価値観の崩壊から脱出するためにも、日々を生きているという行動を支え、それを生かすためにも、人間学四柱推命で、「見識」や「胆識」を高めてまいりましょう！

8 人間学四柱推命で五感力を高める

四柱推命の五行から、木は視覚・目、火は触覚・舌、土は、味覚・口、金は、嗅覚・鼻、水は、聴覚・耳です。

人間は、この五感力を高め、感受性・直観力を高め、感性を常に磨いていなければなりません。道端に咲いている花の美しさに感動して涙を流すような敏感な感性です。

人生を楽しく、感動的に生きるためには、視覚から美しいものを見て、触覚から美しいものに触れ、味覚から美味しいものを食べ、嗅覚からよいにおいを嗅ぎ、聴覚から美しい音を聴き……これら五感の感性を磨く必要があります。

同じ花を見ても鈍感だと、これは無感動です。人生がつまらないというのは、この感性が弱いということです。あいだみつおさんの詩に「美しいものを見て／美しいと言える／その心が美しい」があります。「美しいものを美しい」と感じる感性（感受性・直観力）が敏感だと、人生は毎日が感動です。よくよく見渡せば、この宇宙、自然、人間すべて「美しい美の世界」が無限に広がっています。

五感力を高めて、毎日一つ感動に出会えたとしても、人生は短いのです。感受性、直観力は、アンテナに例えることができます。アンテナを高く、錆びないようにして、感度をよくするように磨いていないと、受信さえできなくなってしまうのです。

その五感の感性（感受性・直観力）を高め、感度をよくするため一番の方法は、山や川、滝、海など大自然のエネルギー（木火土金水）と、そこに生きる動植物と触れ合うことです。

特にエネルギーの強いパワースポットに行けば感受性・直観力が高まります。この感度の高い、五感を通した感受性・直観力から感動、情熱が生まれてくるのです。

したがって、この感性（感受性・直観力）の違いは、感動的・情熱的な人生を生きられるか、つまらない人生になるかの大きな分岐点となります。

人間学四柱推命で、五感力を高め、感受性・直観力を高め、毎日感動的・情熱的な人生を送りましょう！

9 人間学四柱推命で突破力を高める

今のままではいけないという強い危機感があって、そこから、抜け出し、突き抜けるためには「突破力」が必要になってきます。

生まれてから最初は親から、一方的な親の価値観を強要され、本当の自分を否定されます。学校に行けば学校の先生や友人によって本当の自分を否定され、社会に出てからも本当の自分を肯定されない結果、本当の自分を失い、自信を失い、自由を失い、いつも何かに怯えて、一歩を踏み出せず、惰性で生きてしまうことになるのです。

その結果、多くの人は社会に適合する機械化された偽物の自分を作っていき、突き抜けないまま、モヤモヤした気持ちになりながらも、「生きていくため」に我慢、忍耐しながら働き続けます。

そんな状況から、脱出して新たなステージへ飛躍するには、相当強い意志力、行動力、突破力が必要です。

2000年ほど前に中国の司馬遷によって編纂された歴史書『史記』に、「断じて行えば鬼神も之を避く」というのがあります。これは、断固たる決意をもって行動すれば、鬼神でさえその勢いに押されて、道をよけるという意味です。いわゆる、どんな困難でも突破するには強い意志が必要で、意志が弱ければ何も達成することはできません。

人間学四柱推命で、天命、使命に目覚め、志が大きく、胆識力、直観力、情熱力の備わった人のため世の中のために役に立つための「突破力」を高めていきましょう！

10 人間学四柱推命で主管力を高める

主管力とはなんでしょうか？ 国語辞典には、「主管とは、主導的な立場に立ってある仕事を管理すること。また、その人」とあります。人間学四柱推命で、定義する「主管」とは「責任感」です。

論語に「君子は諸《これ》を己に求め、小人は諸を人に求む」とあります。これは、人のリーダーとなるべき君子は、すべてを自分の責任と考え、周りに責任転嫁するのは小人のあり方だというのです。

この責任の所在を常に自らに置くという考え方は、東洋思想の根幹にある思想です。

国家に責任をもつ総理大臣、家族に責任をもつ父親、子どもに責任をもつ母親、経営に責任をもつ経営者、生徒に責任をもつ先生など、リーダーの立場にある人であれば、それぞれ、その置かれている立場で、責任を背負い、積極的に責任を果たしていかなければなりません。

責任感の欠いたリーダーは、リーダーではありません。そしてこの責任感の強さは、愛の強さです。これは、敬愛の心から発する力です。

「自分を愛する心をもって人を愛することが肝要である」（西郷南洲顕彰会発行『南洲翁遺訓』より）

これは、西郷隆盛が好んで使った言葉です。

敬《けい》とは、他人を尊んで自分の挙動をつつしむ、敬い尊ぶなどの意味となります。

愛《あい》は、可愛がる、慈しむ、大切にするなどの意味があります。

敬愛《けいあい》とは、敬い尊び、心から慈しむことを意味します。

西郷隆盛が好んで揮毫した言葉に「敬天愛人」があります。「敬天」つまり天を敬うことは、「愛人」つまり人を慈愛することにつながります。この「敬天」と「愛人」は、表裏一体、相通じるものです。「敬天愛人」には、西郷隆盛の生涯の目的が込められていいます。それは「仁愛の人」になることです。天と同じように分け隔てなく人々に愛情を注ぐだけでなく、自らを厳しく律し、無私無欲の人であることを終生心がけたのです。この

「敬天愛人」という言葉には、西郷が体得した「天命に対する自覚――人は天から天命というものを与えられ、それに従い生きている」という考え方が表れてもいるのです。

この敬愛の心から発する責任感には、驚くべきパワーがあります。すなわち、目の前に起こってくるすべての結果を「自分が責任」という立場でその事実に向かい合ったとき、その結果への影響力とパワーが自分自身の手元にくるということなのです。

例えば、癌という病気になったとき、多くの人は癌のほうが主人公になって、自分はその被害者だというのです。そしてつい誰かの責任にしようとします。しかし「癌になったのは、自分の責任」という立場でその事実に向かい合ったとき、癌細胞を消すだけの影響力とパワーは、自分自身の手元にやってくるのです。敬愛の心から発する、強い責任感から、「自分が責任」という立場をとる（主管力）だけで、「人生」「仕事」は劇的に変わります。

人間学四柱推命で、（責任感）主管力を高めて、あらゆる困難を克服するパワーと影響力を自分の手元につかみましょう！

11 人間学四柱推命で創造力を高める

四柱推命でいうところの宇宙観は、宇宙、自然界、人間など目に見える存在から、万有引力など目に見えないエネルギーに至るまで、すべての存在は「気」から生み出され、創造されたととらえています。その大元の存在が「太極」で、そこから陰陽五行に分かれて、すべての存在が存在するようになったと観ています。

現代科学では、宇宙はビッグ・バンの大爆発から始まり創造されたといっていますが、宇宙が「気」の大爆発から始まり、創造されたとする陰陽五行と同じです。

このように「気」は、物事が創造されていく、つまり生み成されていく創造的エネルギーのことをいいます。すなわち「気」は「創造力」ともいえるでしょう。

すべては「気」次第です。

元気、活気、士気、志気、やる気、気合、強気、勝気、根気、勇気……。

反対に「気」がないと、病気、邪気、毒気、浮気、弱気、殺気、狂気……。

目に見えないところから何かを創り出す創造力は、他の動物にはない、人間だけがもつ素晴らしい能力です。

20世紀最大の物理学者のアルバート・アインシュタインの言葉に「創造力は知識より重要である」があります。

すべての人に内在している「創造力」を引き出し、正しく行使すれば、不可能だと思っていたことが、一気に目的に向かって走り出し、たちどころに達成できるようになります。

人間学四柱推命で、定義する「創造力」とは、志・志気・理想、直観力、情熱、責任感、胆識を伴った「創造力」です。

この人間学四柱推命で、定義するところの「創造力」をもてば、環境に支配され、環境に踊らされるのではなく、自主的、創造的、主体的に、生活を創造していくことができます。

「人は環境を作るからして、そこに人間たる所以がある。則ち主体性、創造性がある。だから人物が偉大であればあるほど、立派な環境を作る。人間が出来ないと環境に支配される」

これは安岡正篤先生の言葉です。

人間学四柱推命で、自分の中に内在する「創造力」を高め、まずは、「自己創造」を成し、次に、立派な環境を「創造」してまいりましょう！

12 人間学四柱推命で行動力を高める

人間学四柱推命をなぜ、学ぶのか？

それは、行動、実践のためです。人生を革命するためです。

中国明代の儒学者・思想家の王陽明は、仕事や日常生活の中での実践を通して心に理を求める陽明学を起こしたことで知られ、「知は行の始めなり。行は知の成るなり」と「知行合一」を説いています。

安岡正篤先生によると、「『知』とは、『行ない』のはじめである。『行』というのは『知』の完成である。これが一つの大きな循環関係をなすものである。知から始まるとすれば、行は知の完成、そしてこれは行の初めの知だから、知というのは循環するわけです。本当に知れば知るほどそれは立派な行ないになってくる。知が深くなれば行いがまた尊くなる、というふうに循環する」と解説しています。

知と行いとが一体になる「知行合一」でなくては、真理を得ることはできないというのです。頭だけで把握しても本当にわかったとはならない、行動や実践を伴わなければならないということです。

孔子は、常に行動を重んじ、言葉だけということを非常に嫌いました。

「子曰く、君子は言に訥《とつ》にして、行に敏《びん》ならんことを欲す」

これは『論語』「里仁第四」にある有名な言葉ですが、君子は、言葉は慎み深くし、行動は素早くしなければならない、と言っています。

孔子は有言不実行を一番嫌ったのです。それは次の言葉にも表れています。

「子曰く、君子は其の言の其の行に過ぐるを恥ず」(『論語』「憲問第十四」)

君子は言葉ばかり多くて、行動が少ないのを恥とするものだ。

さらに吉田松陰も同じようなことを言っています。

「聖賢の貴ぶ所は、議論にあらずして、事業にあり。多言を費やすことなく、積誠之れを蓄えよ」

松陰も、議論するなというのではなく、議論ばかりして、それで人より偉そうなことを言ったり、言い負かしたりして満足する人間になるなといっています。

一番大切なのは、徳を蓄えていくことと、良いと思うことをどんどん実践していくことだということです。
自分が目標とする人がいるなら、または同じような実力があるライバルがいるなら、自分はあの人に負けていると思うなら、そういう人に勝つ秘訣は、その人より徹底して人間学を学ぶこと、その人より徹底して多く行動することです。
正しい考えを多くし、実践を多くすれば、必ず人より先に進むようになります。考えてばかりいて滅びた人は多くいますが、実践をしていて滅びた人はいません。
人間学四柱推命で、志・理想が高く、感謝、胆識、情熱、責任感、創造力の備わった真の行動力を高め、あなたにしかできないある専門分野で、どんどん実践、行動、社会貢献すれば、あなたはきっと未来の主人公となることでしょう！
では、ここでさっそく実践してみましょう（2000年公開の『ペイ・フォワード』という映画をおすすめします）
今日から、毎日3人に善を分け与えていきましょう！（1日三善）
1年で1000人に善を分け与えたことになります。善を与えられた人がそれぞれ3人に同じように善を与えていくと、10日で約6万人、20日で34億人、1カ月で全世界中の人に善を分け与えたことになります。自分のできることから、なんでもいいから実践し始めましょう！

感謝の言葉を伝えることや、手紙を書く、メールを送る、心の中で3人に「ありがとう」と叫ぶとか、習字の得意な人はその人に思いを寄せて「一文字」書くだけでもいいでしょう。

自分の得意なこと、できることで善を与えていきましょう！

あなたの与える量が、人間性の高さとなります。

あなたは、その道で「与える達人」になれるのです。

与える者は、与えられる。

与えられるより、与えることを。

理解されるよりも、理解することを。

愛されるよりも、愛することを。

13 人間学四柱推命で心眼力を開く

「心眼」とは、心の目で真実、本質を見る力をいいます。あなたは、肉体についている肉眼だけしか開いていないでしょうか。それとも心眼を開いて、ものを見ているでしょうか。

安岡正篤先生は、ものの見方の原則を次のように言われています。

「第一に、目先に捉われないで、出来るだけ長い目で見ること、
第二は物事の一面に捉われないで、出来るだけ多面的に、出来れば全面的に見ること、
第三に何事によらず枝葉末節に捉われず、根本的に考えるということである」

このように、ものごとを短期的、表面的、一方的に、肉眼だけで見るのでなく、長期的、多面的、根本的、本質的に、心眼を開いて見なければならないというのです。

私達は、日頃、肉眼で見て生きているため、目に見える現象に振り回されがちです。

そして、そのことによって、ますますその現象を悪化させることもあります。例えば逆境の中にいても、それを乗り越えた未来の自分の姿を、心の目で見ることができる人は、勇気が沸いてきて積極的に行動することができます。

また、反抗する子どもの姿の奥に、心の目で、子ども本来の素直さや素晴らしさを見ることができる親は、子どもを信頼することができるので、感情的にならず、寛大な心で見つめることができます。

松下幸之助さんは、仕事でミスを連発する社員に対しても、「素晴らしい存在、偉大な人」という見方で見ました。肉眼に映るその社員の姿に振り回されていたら、とてもそんな見方はできませんね。まさに心の目で、その人の本質を見ておられたのです。

そして、これは夫婦関係や子育てなど、すべての人間関係に通じることでもあります。素敵な夫婦関係の秘訣は、配偶者を「素晴らしい存在、偉大な力をもった人」と見て接することです。また、子育ての秘訣は、わが子も「素晴らしい存在、偉大な力をもった人」と見て信頼することなのです。

心眼力で相手の本質を見る、同様に自分に対しても、自分の本質を見ることが重要です。

人間学四柱推命で、心眼力を開き、人間力を高めましょう！

14 人間学四柱推命で問題解決！

今ある問題や悩みの根本原因は、一つです。それは、「理解」できないことです。

アメリカの心理学者アルバート・エリスは、「自分の人生に起きる出来事を自分のビリーフ（思い込み）を通じて理解し、その結果として悩みが生じる」と説きました。起きる出来事と、自分が「～であるべき」「～であらなければならない」という思い込みとのギャップが大きいと「理解」できないとなります。

例えば、転職をしたいと思ったA男さんが、そのことを妻に相談したところ、妻が反対しました。

そこで、A男さんが「妻は、夫の考えを理解し、協力すべきである」という思い込みをもっていたとしたら、A男さんは怒るはずです。妻がとった言動を、妻としてありえない行動だと理解できないからです。

A男さんを怒らせたのは、「妻が反対をした」という出来事そのものではなく、「妻は夫の考えを理解し、協力すべきである」というA男さんの思い込みです。

妻も「夫というのは、ずっと一つの会社に勤めて給料を安定的に持ってくるべきである」という強い思い込みがあったら、夫が転職したいと言ってきたら理解不能になります。自分自身のこと、仕事のこと、子どものこと、夫婦関係など……すべての悩み、問題は「理解不足」につきます。

したがって、本当の意味で、「理解」があれば問題や悩みは一瞬に解決します。あらゆるもののなかで、最も難しい「理解」は自分です。そして、その自分への「理解不足」があらゆるものへの「理解不足」へつながります。

「人間は自得から出発しなければならない」これは安岡正篤先生の言葉です。

「汝自信を知れ」これはソクラテスです。

「知彼知己、百戦不殆

不知彼而知己、一勝一負

不知彼、不知己、毎戦必敗」「孫子の兵法」

(敵を知り己を知らば、百回戦っても負けることはない。自己を知っているけれど相手を知らなければ、勝ったり負けたりする。相手も自己も知らなければ、必ず負ける)これは

「孫子の兵法」の中の言葉です。自分を知らなければ、相手を知ることができないし、相手を知ることできなければ、恋愛・夫婦・親子・会社などすべての人間関係をうまく結べません。自分を知り、相手を知れば、人間関係でストレスを感じることなく、問題が解決されていきます。洋の古今東西を問わず、問題解決の根本は同じなのです。

A男さんが、「妻が夫の考えを理解してくれることにこしたことはないが、お互い違う考え方をもっているのだから、意見が違うこともある」と妻の言うことを理解して受け止めたなら怒ることなく、冷静に妻と話し合えたのです。

人生は、予期せぬ出来事、思いどおりにならないことの連続です。そんな人生のプロセスを柔軟に、むしろ楽しんで生きるためにも、自分の思い込みと相手の思い込みの違いを個性の違いとして受け止める、もっと積極的には、その違いを楽しむ心眼力が必要です。

人間学四柱推命で、自分を知り、相手を理解し問題を解決してまいりましょう！

15 人間学四柱推命で目標達成！

あなたには、目標がありますか？

ほとんどの人は、目標もなく日々の忙しさの中で、目標をもつことの大切さを見失っています。

ハーバード大学の調査によると、

・めちゃくちゃリッチな人は全体の３％

・余裕のある暮らしの人は10％

・なんとか生計維持は60％

・支援が必要な人27％

だそうです。

実は、この４つの層には、明確な違いがあることがわかっています。

・３％の人は、具体的目標を設定し、紙に書いている。

・10％は、目標を頭で考えて、紙に書いていない。

・60％は、やるべきことを漠然と考えている（目標はない）。

・27％は、なんも考えていない。

人生うまくいく人・いかない人の差は、「具体的な目標を設定し、紙に書いているかどうか」の違いにすぎません。そう、もしあなたに夢があるなら、成功者になりたい、大富豪になりたいなら、具体的目標を設定し、紙に書けばいいのです。

まずは、小さくてもいいから、目標をもつことです。そして、小さくてもいいから、紙に書いて実行することです。小さくてもいいから達成することです。

そしてその小さな目標を達成したら、少しずつレベルアップすればいいのです。

小さな目標を達成していくうちに、やがて大きな目標が見えてきます。

しかし、この目標設定し、紙に書くというのが、非常に難しいのが現実です。

それでは、どうやって目標設定したらいいのでしょうか?

「人生」「使命」「家庭」「仕事」「健康」「お金」「旅行」……なんでもいいですから、自分がこの目標を達成すれば最高にうれしい、ワクワクする「目標」を、各ジャンルに分けて10個ずつ書き出します。

そのポイントは、「自分が本当にやりたい目標かどうか」「絶対にどんなことをしても叶えたいと興奮するような目標」です。

そして、目標を達成するために、目標から逆算して毎日の行動を習慣化できるよう設定します。

これらを実践するために夢実現日記がおすすめです。

仮に書けたとしても、それを実行となると、目標に向かう過程が苦しいためほとんどの人は、計画倒れ、挫折してしまうことが多く、三日坊主で終わりやすいのです。

そこで必要となってくるのが、目標達成の過程を楽しむことです。すなわち、目標を設定したら、いざ実行となると、ワクワク楽しみながら目標に向かうことが大切になります。

さらに大切なことは、目標設定の中にもありますが、ゴールから逆算した毎日のやることをいかに習慣化できるかです。

どんな「習慣」が目標を達成するか？　を考えることです。

ほとんどの偉業は、毎日毎日の小さな積み重ねで達成されます。何事も一気にやろうとすると疲れますが、毎日コツコツは、まったくストレスがなく、そして、いつの間にか目標が達成しているのです。

なりたい自分になっています。自信がついてきます。習慣を作るまでは努力が必要です。

でも、一度習慣ができれば、あとは自動です。「目標」と「習慣」はセットで設定することが非常に重要です。

人間学四柱推命で、「天命」「使命」に目覚め、志・理想を高くもち、人生の目的・使命感から沸き起こってくる、絶対に成し遂げたいという正しい大きな目標を紙に書き、ゴールから逆算した毎日のやることを決めて習慣化し、いざ実行となると、毎日ワクワク楽しみながら、目標に向かうと、目標は必ず達成します！

16 人間学四柱推命で人生革命！

人間学四柱推命で言うところの「革命」とは、「命」を革《あらた》める――つまり「宿命」（天命）を知って「立命」することを「革命」といいます。

「革命」といっても暴力革命ではなく、「人生革命」「人格革命」「自分革命」「家庭革命」「仕事革命」「結婚革命」「健康革命」「教育革命」「老後革命」です。

「論語」に次の言葉があります。

「命を知らざれば以て君子たること無きなり」

自分というのはどういうものであるか、自分の中にどういう素質があり、能力があり、これを開発すればどういう自分を創ることができるのかというのが、「命を知る」（知命）、「命を立つ」（立命）ということで、それを知らなければ君子（指導者・リーダー）ではないというのです。

自分革命をするためには、人間学を勉強し続け、自分の「命」＝「天命」「運命」「使命」を知り（知命）、まず、自分の「命」の尊厳性を知らなければなりません。

それによって、自分で自分の「命」「運命」を、「立命」「革命」し、自分の人生を思いどおりに支配することもできるようになります。

「汝自身を敬え」と言ったのは、ギリシャの哲学者・数学者ピタゴラスです。

自分自身を敬う、つまり自分自身を大事にしなければ何事も始まりません。自分自身を敬い、大事にできない人は、他人を敬い、大事にできません。

すべては、自分次第です。自分自身を信じ、自分自身を好きになり、自分自身を敬いましょう！

自分を大切にすることがすべての基本であり、これからの人生の支えとなります。

人間学四柱推命で、本当の自分である「天命」「使命」を知って（知命）、自分というのは、素晴らしい存在、偉大な存在であるという、自己承認、自尊感情をもつことができれば、眠っている「天才性」が発動して人生を一変させることができます。人生を革命（立命）することができるのです。

17 四柱推命と運について考える①

「運」とは、いったい何でしょう？　国語辞典では、「人の身の上にめぐりくる幸・不幸を支配する、人間の意志を超越したはたらき」とあります。

東洋思想では氣。科学的にはエネルギー。物理学的には波動です。

人間学四柱推命では、もっと具体的に「運＝出会い力」と定義します。すなわち、運が強い人は、出会いがよく、人生がうまくいきます。運が弱い人は、出会いが悪く、人生が思うどおりにいきません。すなわち、「運」が原因で、出会いという縁が結ばれ、人生の結果となるのです。

特に人生の重要な場面で、この「運」の差が、人生の幸不幸を左右します。

例えば、運の強い人は、理想の配偶者と出会い、健康に恵まれ、病気になっても名医と出会います。天職と出会い、尊敬すべき先輩と出会い、商売する人は、よきお客さんに出会い、自分を変える本と出会い、よき仲間と出会い、生涯の夢を実現していきます。

一方運の弱い人は、婚期を逃し、配偶者との出会いがなく、離婚問題・後とり問題となり、病気に出遭い、事故に出遭い、災難に出遭い、詐欺に出遭い、嫌な上司に出会い、商売する人はクレーマーと出会い、努力が報われません。

したがって、どんなに実力・才能があっても運が弱いと、その実力・才能を発揮することができません。どんなに努力しても運が弱いとその努力は報われないのです。

経営の神様と言われた松下幸之助さんは、『物の見方、考え方』という本のなかで、「幸せを追求する上で、運が強いということが、最も重要なこと」と言われています。

運の強弱が、出会いの良し悪しを決め、人生の幸不幸を決定づけるのです。したがって、何よりもまず自分がどういう運をもっているのかを、知る（「知命」）ことが重要なのです。知らなければ、変えようがありません。

宿命は変えられませんが、運命は変えることができます。この運命を変えることを、「立命」といいます。

四柱推命は、この「知命」と「立命」のための最高のツールです。

したがって、人間学四柱推命をマスターすれば、自分で、自分の「運命」を知る（知命）ことができ、自分で、自分の「運命」を「立命」することができるようになるため、自分で、自分の人生を革命することができるようになるのです。

18 四柱推命と運について考える②

「人間の最も大事な能力は『運』である」これはナポレオン・ボナパルトの言葉です。

安岡正篤先生は、「人間が浅はかで無力であると、いわゆる『宿命』になる。人間が本当に磨かれてくると『運命』になる。即ち、自分で自分の『命』を創造することができるようになる」と言われています。

自分の「運命」を弱くするか、強くするかは、学問修養次第である。よく学問修養をすると、自分で自分の運命をつくっていくことができる。いわゆる知命、立命することができる、というのです。だから、過去・現在がどうであれ、未来は、自分で切り開くことができるということであり、「運命」を変えることも、奇跡を起こすことも、自分次第だということです。

そこで、まず「運」には、どういう種類があるかを知ることから始まります。

まずは、大きく分けて「先天運」と「後天運」があります。

どういう家系に生まれたとか、男に生まれたとか、何年何月何日に生まれたとか、これは変えることのできない「先天運」です。それに対して、どういう名前を付けるとか、どういう家に住むようになるとか、どういう人と結婚するかとかは「後天運」です。

この「後天運」の中に、「心相」すなわちプラス思考かマイナス思考か、その人の価値観を心相といいます。

「風水」（「墓相」「家相」「国運」）……どういう土地に、どういう家、墓、都を作るかが風水。

「印相」……自分の分身である印鑑の相。

「名相」……名は体を表すといい、その人を呼ぶための単なる符号ではなく、命名というほど重要な名前の相。

このほかにも、個人運、家庭運、兄弟運、仕事運、結婚運、健康運、愛情運、金運、財運、学業運、運勢などがあります。

「先天運」である「家系運」を看るのが「家系学」。「後天運」の「心相」を看るのが「人相学」、「人間学」です。「墓相」「家相」「国運」を看るのが「風水学」。「印相」を看るのが「印相学」。「名相」を看るのが「姓名判断」。「個人運」「家庭運」「兄弟運」「仕事運」「結婚運」「健康運」「愛情運」「金運」「財運」「学業運」「運勢」は「四柱推命学」で看ます。

人がどういう「運」をもっているかという場合、これらすべてを用いて、総合的に鑑定して初めて「知命」に至ることができるようになります。ほとんどのことは四柱推命の鑑定で看ることができますが、家系学、人相学、風水学、印相学、姓名判断などすべてを看ないと本当の意味では、その人の運命を完全に把握したとは言えないのです。

すべての運命学をフル活用して、まずは鑑定（知命）、そうして弱い部分に「運の補強」をして、揺るぎない「立命」していくことが重要なのです。

19 人間学四柱推命からみた健康法

四柱推命の体を表す五行と中医学の五行は、全く同じです。

四柱推命で健康とは「元気」という状態です。「元気」とは、五行（木火土金水）の気が強く活発な状態です。反対に「病気」とは、五行の気が弱く病んでいる状態です。五行の気が、人間の体の中をバランスを取りながら、木→火→土→金→水→木と循環している状態が健康です。反対に気が留まると病気になります。

中国医学という東洋の思想は、肝臓とか腎臓とか心臓という言葉を使い、肝は木、腎は水、としていますが、

これは肝臓そのもの、腎臓そのもの、心臓そのものではなくて、役目の名称です。

▼木は肝

木は肝臓が中心ですが、機能は血の貯蔵です。もうひとつは、気の疏泄《そせつ》です。西洋医学でいうところの自律神経に当たります。

スムーズに全身に気を巡らせる機能が肝です。気をスムーズにする、これはすなわち、情緒の調整にほかなりません。情緒の調整がうまく肝でいかなければどうなるでしょうか？

ストレスを受け、イライラや怒りに変わります。だから四柱推命でいう木行、甲・乙は、感情でいうと怒りとなるのです。

このように、四柱推命の根っこにある五行推命というのは、医学から発展しているので、人の運命とか、看る場合も、医学的な思想をベースにしています。

病気は吉とか凶とか言いません。「凶だからあなたの病気治りません」というのは医学ではありません。本来四柱推命では吉凶は言わないのです。良い悪いではなく、強いか弱いかです。

【火は心】

心は心臓ですが、役目は血の配分、血の生成です。

【土は胃と脾】

消化吸収する作用。すなわち、血とか気の元をつくります。

【金は肺と大腸】

肺は皮膚呼吸もするので肌に表れます。便秘気味の人は肺も悪いのです。これは、肌荒れとなって表れます。

【水は腎】

水は腎臓、膀胱、骨です。役目は精の貯蔵、すなわち、生命力であり、成長力です。これの源が腎です。

▼感情にも五行がある

【木は怒り】

考えるのは木の仕事です。その考えたとおりにならないので怒りが発生するのです。


【火は喜び】

火は心、興奮です。


【土は情緒】

情緒とは好き嫌いこそすべてということです。戊も己も情緒的です。


【金は悲しみ】

金は損得で合理的に行動します。だから悲しいのです。


【水は恐れ】

水は先を読みます、時代の先を読みます。先を読むから恐れの感情が発生するのです。

したがって、四柱推命の五行から見た健康法とは、これら木火土金水の気がいかにバランスよく循環し、活発な状態にするかということです。

すなわち、気（感情）のコントロールができるように、生活習慣を改善することです。

昔から、快食、快便、快眠といいますが、これらに加えて、早寝早起き、腹6分目、一口30回噛んで食事、軽い体操、運動、深呼吸、ときどきパワースポットに行く、なんでもポジティブに考えて、感謝、感動、笑顔の生活を心がけることです。

20 人間学四柱推命からみたパワースポット

四柱推命で、自分に足りない五行のエネルギーを補う方法は、五行の食事で補ったり、五行の色で補ったり、パワースポットに行ったりすることです。

生年月日から、木の気が足りない人は、森林浴。

火の気が足りない人は、日光浴（朝日）。

土の気が足りない人は、土を踏む散歩。

金の気が足りない人は、登山。

水の気が足りない人は、川、海、滝。

などさまざまありますが、その中でも最もパワフルなのは、風水でいうところの大自然のパワースポットに、パワーが全開する日、時間に、ある程度の人数で（12人以上）行くことがベストです。

観光客誘致のための名前だけの気のないパワースポットではなく、風水師しか知らない本物のパワースポットに、方位と大地のエネルギーが噴出する日時を合わせて、行くのがベストです。

※人間学四柱推命 入門　無料　メルマガ 教室　案内

前ページまでの20日分を含め＋20日分、計40日分の人間学四柱推命 入門　メルマガ 教室が、無料で、登録後すぐ、明日よりあなたのスマホ・携帯・パソコンに届きます。毎日5分程度、読むだけで、「運」「志」「人間力」を高めます。ご興味ある方は、今すぐ、下記QRコードより無料登録してください。

★人生100年時代をいかに生きるか

誰でも「人間学四柱推命」「人間学風水」「人間学易経」を学び、「本当の自分を知ること」の大切さを伝えることと、「豊かで幸せな人生を手に入れるための8つの分野」の成功へと導き、すなわち、周りも自分も、人生を好転、夢を実現へと導きながら、生きがいと満足な収入を得られるようになる人助け型コンサルタント「人生好転コンサルタント」になることができます。

「人生好転コンサルティング」のスキルとは、7つの能力のことで、「本当の自分力」「人物鑑定力」「傾聴力」「応援力」「カウンセリング力」「コーチング力」「人生好転コンサルティング力」です。

「人物鑑定」スキルとは、人間学四柱推命鑑定力、風水鑑定力、易経鑑定力です。

想像してみてください。人生好転コンサルタントとして、毎日、人の悩みを解決、夢実現へと導く人助けをすることで、感謝され喜ばれながら、「人生の師匠」と呼ばれるようになり、やりがい生きがい、満足な収入を得る人生を！

これぞ、人生100年時代をわくわく楽しみながら生き抜くライフスタイルといえます。あなたの勇気と情熱さえあれば、大切な人の人生を救います！「天は、人を救う人に運を与え、奇跡を与える！」のです。

「人生好転コンサルタント」とは、「人生問題解決の専門家」であり、人の人生を好転へと導く仕事です。

今の仕事に融合することも、起業することも、副業としても可能な仕事であり、今までありそうでなかった新職種です。

詳しく言うと、「本当の自分力」を高め、正確な「人物鑑定力」、全力で熱心に聴く「傾聴力」、全力で、褒める「応援力」、傾聴で悩みの解決と癒し「カウンセリング力」、質問で行動変容を促す「コーチング力」、専門知識で問題解決を提示する「人生好転コンサルティング力」という、7つの能力で、相手の「天命」「使命」「才能」「天職」「運命」を見つけ、人生を好転へと導き、輝く人生へと導くアドバイスをするという今までにない新しい仕事です。

人生好転コンサルタントは、人間学四柱推命＋風水学＋易経、カウンセリング＋コーチング＋コンサルティングなど、すべてを駆使して、悩みの原因を正確に根本的に分析していくため、悩みの解決と夢実現（人生好転）に向けて、的確なアドバイスができるようになります。

首相官邸のホームページには、以下のようにあります。

人生１００年時代構想

「一億総活躍社会実現、その本丸は人づくり。子供たちの誰もが経済事情にかかわらず夢に向かって頑張ることができる社会。いくつになっても学び直しができ、新しいことにチャレンジできる社会。人生１００年時代を見据えた経済社会の在り方を構想していきます」

以上のように、一億総活躍社会の実現も、人生１００年時代の実現も、その本丸は、人づくりであるというのです。

その人づくりをしていくためには、

①そもそも人は何のために生まれてきたのか？

②そもそも何をするために生きているのか？

③そもそも自分にはどんな才能があるのか？
④そもそも自分の一生涯の仕事天職は何なのか？
⑤そもそもどんな運命を与えられているのか？
結局、これらの「人間の根本的疑問」にすべて明快な回答がなければ、決して人づくりはできません。

しかし、人間学四柱推命は、これら5つの問題に対してすべて明快に回答があり、人生を好転させるスキルが身につきます。

したがって、人生好転コンサルタントになることで、
①まず自分自身が、人生100年時代をわくわく活躍できる「最高の人生」を創ることができるようになります。
②他の人も、人生100年時代をわくわく活躍できる「最高の人生」を創るお手伝いができるようになります。
日本の未来を左右する重要課題として、教育改革を背景に、人間教育の一端を担う「人生好転コンサルタント」は、今後ますます、国から人から求められ必要とされるようにな

るでしょう。
この「本当の自分を知ること」の大切さを伝えることと、「豊かで幸せな人生を手に入れるための8つの分野」の成功へと導く、「人生好転コンサルタント」が日本中に広がっていけば、自分が変わり、家庭が変わり、学校が変わり、会社が変わり、世の中が変わり、日本が変わります。

あなたも、ぜひ「命和塾」(https://meiwajuku.com/study/)の人生好転コンサルタント養成講座のオンライン講座を、学んで、豊かな人生、最高の幸福を手に入れましょう。
最後まで、お読み下さった貴方に、特別プレゼントがあります！
もちろん希望者のみですが、特別プレゼントとして、
永久保存版：人間学四柱推命にみるあなたの「天命・使命・才能・天職・後天運」
その「命の診断書」「鑑定書」をＰＤＦファイルにて、無料で、
あなたのメールにお送りします(郵送の場合は有料３０００円)。
プレゼントを希望する方は、

以下「プレゼントフォーム」からプレゼントをお申し込みください。

プレゼントお申し込みは、インターネットの以下アドレスにアクセスしてください。

https://ws.formzu.net/dist/S72531105/

なお、プレゼントしました「命の診断書」「鑑定書」で、人生好転コンサルタントを希望する場合も、本書読者様には、割引価格にてお申し込みいただけます)。

令和元年　吉日

命和塾　創設者　**原村博幸**

スマホをお持ちの方は、以下ＱＲコードからプレゼントお申込みできます。

著者 プロフィール
原村 博幸（はらむら・ひろゆき）【命和塾　創設者】

☆31年間で5万人の悩みに寄り添う

私は、20代の頃、仕事・人間関係でつまずき、人生・将来に希望をもてなくなったとき、歴代総理の指南役といわれた安岡正篤先生の『知命と立命』という本と出合い、「本当の自分」を発見し、人生観が一変しました。その後、仕事・人間関係が好転し、人生に革命が起こることを体験しました。

以後、会社経営の傍ら「人間学」「東洋思想」「運命学」「NLP心理学」など東西両方の「心理学」を研究し、特に四柱推命は、四柱推命の大家で今は亡き安田靖先生から「五行推命学」を学び、四柱推命の師範となりました。風水は、三元命運研究会会主・天外明文先生に学び、さらに「易経」「家系学」も熱心に研究するようになり、プロの人物鑑定士、玄空派風水師として、好転鑑定、人間学四柱推命教室、風水セミナー、易経講座、経営コンサルタント等を行ってきました。

実際、31年間5万人以上の方々の悩みに寄り添い、見聞きしてきた現実は、人間関係、仕事、人生のさまざまな場面で、深刻なストレス社会となっているという現実でした。

すなわち、かつての私がそうであったように、毎日の物質的・享楽的生活の中で、自己を見失い、将来に対する希望をもてず、不安と恐怖を抱きながらも生きることで精いっぱいという現実でした。

私は、このような現実を打開しないかぎり決して、本当の意味で豊かな社会にはならないという強い危機感から、この現実を打開する方法を模索していたところ、安岡正篤先生の「人間学が盛んにならなければ、本当の文化は起こらない。民族も国家も栄えない」というこの言葉に衝撃を受け、「人間学」「命学」の必要性を再認識させられるようになったのです。

そして31年の人間研究と検証の結果、ついに、人間力を高める「人間学」と「本当の自分」を知ることのできる「四柱推命学」を融合した「人間学四柱推命」を提唱することとしました。

さらに、本心の願う自己実現、幸福の追求と自分自身の理想、繁栄の実現を期してたのむべきは、「人間学・命学（人間学四柱推命・風水学・易経）・教育」においてほかないと確信し、強い使命感から、天命使命に目覚め、才能を発揮して天職で、人のため世の中のために貢献しながら、わくわく生きる輝く個人およびリーダーを育成する目的を達成するため、人生好転コンサルタントを養成する学校「命和塾」を設立しました。

「元気で輝く自分づくり、人づくり」、世直し、国づくりをしていくことが私のミッションです。


さあ、目覚めよう！「本当の自分」

2019年11月8日　第1版第1刷発行

著　者　原村 博幸

発　行　株式会社 白誠書房
〒135-0016　東京都江東区東陽2-4-39
TEL 03-5665-6364　FAX 03-5665-6365
発　売　株式会社 星雲社
〒112-0005　東京都文京区水道1-3-30
TEL 03-3868-3270　FAX 03-3868-6588

印刷・製本　株式会社シナノ

ISBN978-4-434-26692-8 C0036
※定価はカバーに表示してあります